논문쓰고
강의하고
설거지하고
피아노치고

이상욱 지음

박영story

프롤로그

참 금방입니다.

은사님들의 퇴임식을 준비하거나 바라보면서도 내게는 먼 이야기라고 치부했었는데 이렇게 제게도 퇴임이 다가왔습니다.

정년퇴임 기념으로 피아노 독주회를 준비하겠다는 의지는 진작부터 있었습니다.

사실 7살 때 부모님의 선견지명(?)으로 당시 상주에서 피아노가 있던 유일한 집인 개폐소 사택에서 피아노를 배웠습니다. 몇 년 후에는 당시 대구교육대학에서 개최하였던 피아노 콩쿠르에서 조그만 상을 탔던 기억도 있습니다만, 그 후 피아노는 묻혀버렸습니다. 그래도 가슴 한 켠에는 피아노에 대한 미련이 있었던지 결혼한 이래 피아노는 늘 서재에 두고 있었습니다.

그런데 아내가, 피아노 독주회는 좋지만, 달랑 아마추어에 불과한 당신 피아노만 듣게 하는 것은 오신 분들에 대한 도리가 아니라는, 약간은 자존심 상하는(?) 조언을 해주었습니다. 곰곰이 생각해보니 그 말이 일리가 있다는 사실을 인정하지 않을 수 없었습니다. 그럼 어떻게 하나…하고 고민하던 중에 생각난 것이 바로 이 책입니다.

결국 책상 서랍 저 깊숙이 간직하고 있던 노트를 한 권 두 권 꺼내어 살펴보면서 책에 들어갈 내용을 정리했습니다.

이 책은 3부로 구성하였습니다. 제1부는 2000년 이후에 쓴 시 같은 것입니다. 특히 아내와 같이 홍차를 배우면서 알게 된 즐거움은 지금도 이어지고 있습니다. 제2부는 1970년대 대학 시절부터 2017년 프랑스 빠리에서 보낸 마지막 안식년까지 사이에 썼던 글들인데, 그야말로 민낯을 드러내는 내용이라 상당히 망설인 것도 사실입니다. 제3부는 교수로서 기고한 글 중에서 일부를 선별하였습니다. 결국 이 책의 글들은 모두 과거에 작성하였던 것이고, 다만 에필로그만 이번 기회에 첨부했을 뿐입니다. 이 책을 준비하면서 이 글 저 글 정리하다 보니 아련한 추억들이 새록새록 올라왔습니다.

막상 책을 내겠다고 인쇄된 글을 보니 너무나 부족한 내용이라 부끄러움이 앞섭니다만, 소일거리 삼아 읽어보시고, 잠시나마 회상에 젖을 수 있는 시간을 가지신다면 더없는 기쁨으로 여기겠습니다.

끝으로 이 책이 나올 수 있도록 도움을 주신 박영사의 장규식 과장님과 편집을 맡아주신 전채린 과장님께 깊이 감사드립니다. 제자인 부산대학교 법학연구소의 김중길 교수는 교정과 더불어 부정확한 표현을 바로 잡아주었습니다. 역시 고마움을 전합니다.

2021년 8월
이 상 욱

차례

제1부

자아비판

작은 소망

작든 커든
우린 모두 상처를 안고 살아가는
엥발리드(invalide)
가슴 아리고 옆구리 허전한 것도
그 상처 때문인 것을 모르리랴만
홀로 눈뜬 아침이면 그래도 피 흘리지 않게
붕대로 상처를 꽁꽁 싸매고 나서는 일상

정신없이 하루를 접을 때쯤엔
아침에 싸맨 붕대가 헤지고 너덜거려
총상이든 자상이든
핏빛 비치고 발걸음마저 무거워지면
부엌 연기 자욱한
옛 고향 집 생각이 절절하지만
머나먼 고향 집보다
여기 코코로가
우리에겐
더 아늑한 쉼터가 될 수 있기를
간절히 기원합니다.

세월이 흐르고 흘러
내 의사와 관계없이
우리 모두 망각의 늪으로
스멀스멀 들어서게 될 때
그래도 한줄기 실오라기 같은
추억의 끈으로서
우리 가슴 깊은 곳에
코코로가 남아 있기를
간절히 기원합니다.

코!
코!
로!
세 글자가
두 겹 세 겹
두텁게 가슴에 발라 붙어
어느 날인가
일상적인 모든 것을
외면하게 되는 때가 와도
물컹물컹 새살처럼 솟아나는
코코로의 추억에
키득키득 혼자서 웃어보거나
입가에 엷은 미소가 번질 수 있기를
간절히 기원합니다.

8

언제 어디서나
코코로를 생각하면
우리의 호프 사부님!
회장님!
코코로 선생님!
유 교수님!
박 선생님!
다경 선생님!
진주 선생님!
그리고
김 선생과 이 교수!
나즈막하게 그 이름을 불러보며
보고 싶다 보고 싶다.
눈가를 촉촉이 적시는 애틋함도
맛볼 수 있기를
간절히 기원합니다.

코코로에서의 오늘이
내가 안고 살아가야 하는
이 아린 상처를
조금이라도 아물게
감싸 주지만
그보다
먼 훗날

내 기억의 저편에서

코코로에서의 그날은

항상 즐거웠고

그때 그 사람들 모두

한 지붕 아래 한솥밥 먹던 식구인 양

보고 또 보고 싶은 사람들로

자리매김 할 수 있기를

간절히

간절히

기원합니다.

코코로

앞산 자락 아래
동서로 좁다랗게 뻗은
대명남로
그 한 켠에
알프스의 샬레 마냥 자리 잡은
고즈넉한 2층 집
그 1층에 있는 홍차 전문집
바로 코코로입니다.

부끄러워 바위틈에 몰래 핀
춘삼월의 진달래처럼
수줍어 다 못타는
연분홍 모습으로
다소곳이 앉아 있습니다.

코코로(こころ)란 일본말로
마음(心)이라지만,
정성도 됩니다.
누구든지 편안하게
차 한 잔 할 수 있도록
정성을 다하는 곳이지요.

홍차가 전문이지만,
향이 좋은 커피에,
말차도 있고,
여름엔 팥빙수도 합니다.

묵직한 문을
밀고 들어서면
베르사이유 궁전의 거울 방인 양
더 넓은 홀에
기둥 하나 없이
오밀조밀
로코코풍의 탁자와 의자는
가슴마저 탁 트이게 합니다.
더구나
비 오는 날이면
통유리 벽은
그대로 수채화가 됩니다.

나른한 오후
다즐링 한 잔에
사과 파이 한 입이면
이 세상에 더 바랄 게 없는
우쭐한 기분에 젖어듭니다.

코코로는

차를 공부하는

수업장으로도 유명합니다.

매주 수요일이면

만사를 제치고

집사람이 달려가는

수요팀도 있고,

격조 높은

일본차 모임도 있는데,

한 달에 두 번

수요일 저녁엔

우리들의

홍차 수업이 있습니다.

코코로를 운영하시는

단아한 자태의

선생님을 모시고,

깊이를 가늠할 수 없는 호수처럼

모두를 포용하는 넉넉한 마음의

김 회장님과

엘리트 코스를 밟아서인지

약간은 삐딱한

유 교수님,

나이를 가늠할 수 없는

신비로운 미소의
박 선생님,
그리고
심오하고도 해학적인
농을 던지시며
분위기를 반전시키는
우리의 호프,
사부님도
가끔은 자리를 같이 합니다.

집사람과 더불어 즐길 수 있는 일이라 좋고,
수업 중 마신 홍차로 뒤척이는 밤
새록새록
집사람의 숨소리를 발견한 것도
새로운 낙이지만,
코코로에서 만날 수 있는
여러분들과의 인연은
더욱 좋습니다.

속계의 먼지를 털고
선계에 들어서듯
찌든 가슴의 응어리랑
숙명처럼
등에 지고 있던

무거운 업보도
잠시 내려놓고
가벼운 발걸음으로
코코로를 향하는 지금,
나는 그저 기쁘기만 합니다.

너무나,
너무나,
행복합니다.

"코코로"는 2020년부터 "お守り(오마모리)"로 이름을 바꾸었습니다.

추 억

젓갈을 넣은 듯 만 듯
전혀 짜지도 않은
갓 버무린 김장김치
수북이 쌓아놓고
연 잎에 싸서 곱게 삶은
삼겹살 돼지고기 수육 한 접시
모락모락 김이 나는
금방 퍼 담은
현미 잡곡 밥 한 공기

식탁 위엔
붉다 못해 검붉은
좌악 쫙 길게 찢은 김치
살색 뽀얀 돼지고기
팥 색에 흑미 몇 알
수놓은 듯 얹혀진
밥 한 그릇

오직
이 세 가지만
올라온 소박한 밥상

가운데 자리한 사부님

마주 앉은 회장님

그 옆으로 나란히 앉은

집 사람과 박 선생님

그 건너편으로

코코로 선생님과 내가 앉아

우리 모두

저녁을 같이 한 그 시간

코코로 2층의 저녁 시간

젓가락 부딪히는 소리

돼지고기 씹히는 소리

긴 김치를 먹기 좋게 마는 소리

입 안 가득 퍼지는 향기

갓 버무린 김장 김치와

돼지고기의 순박한 조화

아!

이 맛!

그래 바로 이 맛!

그 누구도 알 수 없는 이 맛!

영원히 잊지 못할 이 맛!

잊을 수 없는 이 맛!

가슴 가득 각인된 이 맛!

행복하다!
그저 행복하다!
그냥 행복하다!

여섯 사람
살아온 방식이야 제각각이겠지만
김치 위에 돼지고기 얹는 이 순간
한 숟갈 가득 밥을 뜨는 이 순간
어찌 다를까
어찌 외면할까
우린 모두 행복하다는
이 사실을
우린 모두 같이 가고 있다는
그 사실을

아!
그날
김장을 마무리 하고
모두 같이 한
코코로의 2층
그날
저녁 시간은
그냥
화석으로 남아

내 가슴 깊숙이

화석으로 남아

정지된 화면처럼

그대로 박혀버려

먼 훗날

기억이 가물가물해질 때

깊은 샘에서 퍼 올린

차고 맑은

순결한

한줄기

차디찬 물처럼

내 의식을 깨워줄

소중한

보배입니다

2012년 12월 16일 김장김치를 마무리 하고, 코코로 2층에서 모두 같이 한 저녁 시간. 그날 종일 아니 며칠 전부터 고생한 여러분들의 노고에 깊이 감사드리며…

옥로

벗꽃 망울은 금방이라도 터질 듯
한껏 몽글몽글하고
머릿속을 맑게 펴주는
暗香浮雲
싸릿한 매화 향마저 저만치 가고 있는
삼월의 마지막 금요일 오후
코코로에서 마주한
옥로 한 잔
에메랄드처럼 변치 않는 사랑을 기약하며
입안 가득 반짝이는 바다를 품고 있으면
묵직하게 파고드는 내 삶의 여정
그렇게 또
봄은 오고 있었다.

2015. 3. 27. 오후 코코로에서 옥로를 처음 맛본 날.

20

비가 오는 날에는

비가 오는 날에는
홍차를 마십니다.

코앞에 있던 초록빛 산들이
안개에 휩싸여 저만치 멀어져 가면
코코로 통유리 창 앞에
동그라니 앉아
홍차를 마십니다.

수요회 일가회
나이도 다르고
생각도 제각각이지만
리무쥬 화사한 꽃무늬 찻잔에
수색 좋은 다즐링을 마시고,
또 마시면
어느새
가슴 한 켠의 검은 먹구름도
슬며시 물러갑니다
모두가 한마음이 됩니다.

비 오는 날엔

코코로에서

홍차를 마십니다

모두 하나가 됩니다.

2019. 6. 26. 정말 맛있는 빵을 먹던 날.

자아비판

집사람이
온누리 명보에서
온종일 처방전으로
파김치 될 때
넌 뭣했니?

아니
딸 미국 보내고
목돈 준비하느라
집사람이
이리저리 전화하며
아쉬운 소리할 때
넌 뭣했니?

아니
아들 수능 코앞에 두고
집사람 퇴근 후
무거운 몸 이끌고
성모당 가서 온 몸으로 간구할 때
넌 뭣했니?

아니
딸 시집보낼 때
집사람이
사부인 될 분과 무언의 기싸움으로
기진맥진할 때
넌 뭣했니?

아니
집안 대소사 앞두고
이따금 열불 터지게 하는 동서의 언행과
분별력 떨어지는 시어머니 사이에서
집사람
전두엽의 실핏줄이 터져나갈 때
넌 뭣했니?

아니
집사람이
마흔아홉 평 전망 좋은 이 아파트
장만할 때도
넌 뭣했니?

집사람과 한솥밥 먹으며
30년이 지난 지금

난 그저 팔자 좋게 살고만 있을 뿐
도무지 아무것도 한 게 없다는
이 자괴감!

그래도
이것만은 알아주소.
비록 큰 짐을 들어준 기억은 없지만
늘 옆에서 자리는 지키고 있었고
그보다
내 가슴에는 온통
당신
김 영 화
뿐임을…

2012. 6. 7. 지난 과거를 반성하면서

제가 '바깥양반'이라서 '집사람'이라고 한 것은 절대 아닙니다.

여름미인

우윳빛 나는 뽀얀 자태
아삭아삭한 눈빛 하얀 드레스
노랑 초록 노리개 달고
흑갈색 머릿결엔
빨간 구슬도 꽂고
한껏 멋을 낸
여름미인

겨울은 싫어
이빨이 시리도록 너무나 싫어
긴긴 밤
잠만 자는
얼음 궁전의 여왕

오뉴월 기지개를 펴
긴 잠에서 깨고 나면
칠팔월 복중엔
몸살을 앓도록
불러주는
넘치는
초빙!

招聘!
招氷!

아!
우린
언제쯤이나
이 미인을 만나러 갈 수 있을까?

한때 팥빙수 맛에 빠져 무척이나 좋아한 적이 있습니다.

박 선생

365일 변함없는 단발 생머리
여름이면 덥다고
핀으로 올린 앞머리에
드러난 뽀얀 이마가
오히려 신비스럽기조차 한
박 선생!

아침에 나서면서
집에 두고 온 두 형제
늘 가슴 저려
책상 머리 맡에서
천진스레 놀게 하는
박 선생!

이따금
이빨을 환희 드러낸
파안대소는
그냥 보기만 해도 싱그럽지만,
다섯 살배기 꼬맹이가
'어머니'라고 부르는
박 선생!

짙은 갈색 테 안경
이목구비 선명한
또렷한 얼굴만큼
강인한 모습
박 선생!

어제는 애기 아빠랑 아이들과
영월 동강에 다녀왔다고
장릉에도 가고
고수동굴도 보고
수줍어하면서도
은근히 삶의 여유도
보여주는
박 선생!

무미건조하기 짝이 없는
한 해 업무를
촘촘한 그물로
밑바닥을 훑듯
낱낱이 챙기는
박 선생!

피곤한 하루를 접으면서도
마냥 흘러가는 세월이

못내 아쉬워
영어 회화까지 욕심내는
박 선생!

박 선생은
법대의
보배다.

박 선생
만세!!!

제가 법과대학 학장으로 있을 때(2000. 3. – 2002. 2), 행정실에 근무하던
박 선생님은 지금 교무처 수업학적팀 팀장으로 근무하고 있습니다.

밤새 요정이 다녀가는 집

언제부터인지 정확한 날짜는 기억할 수 없지만
아마도 애들이 모두 타지로 떠나가면서
매일 오던 도우미 아주머니가 일주일에 두 번만
오게 되면서 시작된 것으로 기억됩니다.

밤새 요정이 다녀가기 시작하기 것이지요.
고된 하루 일과를 마치고,
그래도 집밥이 좋다고 저녁을 차려 먹고는
아침 먹고 그냥 둔 것에
저녁까지 가담하니
개수대에 수북이 쌓인 빈 그릇들,
두 사람 서로 눈치만 보다가
피곤에 절어 그냥 잠자리에 들기 일쑤입니다.

그런데
그날 밤에는 신기한 일이 벌어지곤 합니다.
밤새 요정이 다녀간 것이지요.
개수대에 수북이 쌓였던 설거지 감들이
반짝반짝 윤이 나게 깔끔하게 정리가 되어 있답니다.
이따금
전기밥솥에서는 피릭피릭 증기가 빠지는 소리도 납니다.

정말 신기한 일이지요.

그뿐만 아닙니다.

식탁 위엔 소박한 아침상이 준비되어 있기도 합니다.

이렇게 요정이 다녀간 날에는

우리 부부는 한결 행복해 합니다.

사실 설거지는, 제게는 연필을 깎는 일만큼 의미 있는 작업입니다.

책상 앞에 앉아도 왠지 마음이 심란하여 집중이 되지 않을 때가 있습니다.

그럴 때는 연필이나 색연필을 깎습니다.

한 자루, 두 자루 사각사각 연필 촉을 뾰족하게 밀다 보면

어느새 마음이 가라앉는 자신을 발견하게 되지요.

연필 깎기는 대학 때부터 습득한 저 나름대로의 처방입니다.

다만 그때 색연필은 청색과 홍색이 붙어 있는 주남 연필이었는데,

요즈음은 굵직한 독일 수입품을 많이 사용하게 됩니다.

설거지도 마찬가지입니다.

제게는 의미 있는 의식이기도 합니다.

세제 찌꺼기가 남아 있지 않을 만큼

말끔히 헹궈서는

접시와 주발을 구분하여

건조대에 큰 그릇부터 밑에 놓고

작은 그릇들을 차곡차곡 올려야 물기가 잘 빠집니다.

그리고 물기가 다 마른 그릇들을

하나하나 제자리에 가지런히 놓는 것도 큰 재미입니다.

여러분도 요정과 같이 살아보시기를 강력히 추천합니다.

다만 한 가지 꼭 명심할 것이 있습니다. 설거지하면서, 청소하면서 행여나 내가 지금 아내를 도와주고 있다는 오만한 착각은 절대 금물입니다. 내 일을 내가 하는 것이지요.

제2부

빛바랜 사진첩의
먼지를 털고

귀로

고갤 들어 窓 밖 건너
어둠을 응시하고
엉덩이에 들어붙은
속옷을 떼려면
하루도 다 간 셈이다.

어둠이 내린 적막을 깨고
계단을 밟으면
잡히는 달빛
한 겹 얇은 구름에
더욱 아슴츠레한 그 빛이 부끄러워
조그마한 손전등은 숨어 버리고
돋아난 하얀 길을 걷는다.
소나무 숲을 지나
달과 만난 우뚝 선 버드나무와
얘길 하노라면
친구의 고운 노랜 너무 멋있어

더위를 뿜으며 달려온 막차
아직 따끈한 자릴 잡아
버스 가득 달을 담고

머릿결은 밤바람에 맡겨버렸다.

희뿌연 산등성일 더듬으며

방금 헤어진 친구도 생각하고

무릎 하나 가방을 받아 들은

지금

나는 즐겁게 하루를 접고 있다.

1977. 6. 30. 대학교 4학년. 대명동 도서관(현 영남이공대학 도서관?) 나가던 날 당시 읽던 상법(하) 속에서 발견했습니다.

대바우

붉게 타는 노을 아래
까만 마을이 있고
파란 물빛 아래
또 하나
마을이 있고
나무가 서고
노을이 탄다

강 건너
반짝이는 칸데라 불엔
커져가는
낚시꾼의 환호성
포플러 숲이
어둠 속에 무너지고
애잔한 풀벌레 소리가
낚싯대를 흔들 때면
스테파노
카타리나
바오로
졸고 있는 머리 위로
대바우

밤이 깊어 간다.

1979년 계산성당 대학생회 활동할 때, 그해 여름 거제도에 수련회를 갔습니다.

留鶴寺에서(1)

문을 열면 法堂이오

고개 들면 기암절벽

한잔 술에 신이 난 장작패기나

초저녁 초생달 바라보면서

뒤 안 보고 떠나온

님 생각 달래놓고

30와트 불빛 아래

心火를 돋우면

三更이 넘도록 절 안 가득 넘치는

책 넘기는 소리리라

일곱 방 열정으로 겨울을 녹이며

미타산 유학사 밤은 깊어 가는데

님의 정성 가득 담아

북두칠성 그윽히 내려보고 있노라.

1980. 1. 어느 날 유학사 골방에서

1979년 11월 석사 논문을 제출하고, 군대 문제가 해결될 때까지 그냥 막막하여 사법시험 준비를 핑계 삼아 유학사에서 그해 겨울을 지냈습니다.

유학사에서(2)

풍경과
松溪 물소리
어지러이 부서지는 바람

구름은 세월같이 흘러
파아란 하늘을 벗기고
방 안 가득 사각이는 하얀 종잇장 소린
돌아날 듯 아련한 추억을 부수는데
미타산 유학사
침침한 골방에서
내 젊은 날이 까맣게 퇴락해 간다.

문풍지 소리에 가슴을 여미며
안개 같은 시간을 헤집고
까만 활자를 쫓노라면
장끼는 소나무 숲새를 날아오르고
바람은 다시 돌아와 불어
미타산 유학사
오후가 열린다

1980. 1. 유학사에서

유학사에서(3)

땅콩 두 알
누룽지 한 잎
커피잔을 감싸 쥐고
내 키만 한
방 한구석에 가 앉으면
비발디는 봄을 노래하고
운명을 몰고
베토벤이 껑충 뛰어와
악수를 청하는
아!
오늘은
2월 초닷새
스무날 남짓 남았을꼬

모두들 대구 부산으로 나가 버리고 혼자 근 한 주일을 보낸 적이 있었습니다.

방황하는 청춘

그동안 벼루고 미룬 일, 학교에 갔다. 먼저 파동에 있는 야고보 집엘 갔으나, 나가고 없었다. 모친께선 18일 놀러 오라고 성화시더라.

다시 집에 와서 점심 먹고, 무거운 걸음으로 복현동으로 향했다. 행인지 불행인지, Docteur Lee(이태재 선생님)께서는 '在室'이란 패찰이 붙어 있었다. 사무실의 安양도 서류 들고 같이 들어서고…

조금 있는데, 대학원 입학 동기인 N이 들어 왔다. 참 오랜만이다. 대학원 석사과정 입학 후 곧바로 사법시험 준비한다고 학교에선 볼 수 없었다. 이번엔 시험을 잘 치렀는지 얼굴이 퍽 밝았다.

사법시험의 민법 문제 얘기로 꽃을 피웠다. 선생님께서는 "자넨 요새 그 책 좀 읽나?" 하셨다. 가슴이 뜨끔! 석사학위를 받은 후 프랑스 민법을 공부하겠다고, 선생님께 프랑스 민법 책을 빌렸었는데, 실상 읽지도 않으면서, 아직 드리지도 못하고 있었다.

"예. 일본에서 仏和法律辭典을 부탁하여 같이 보고 있습니다."

"음, 그런 게 있던가. 법률용어집을 보면 영 낫지"

2월 석사학위 받을 때 모시고 찍은 사진을 드렸다.

"아버님은 무얼 하시는고?"

"지금은 그냥 집에 계십니다"

퍽 자연스럽지 못한 대화였다. 그저 죄송할 따름이다.

N형은 먼저 일어서고, 기어이 실토를 하였다.

"실은 전번 12월에 논문을 제출하고, 사시 준비한다고 절에 들어가 있는 바람에 통 뵙지 못했습니다."

"음! 그랬구나"

눈에 띌 정도로 고개를 끄떡끄덕하셨다. 그리고선, 두 가지는
할 수 없으니, 아버님과 상의를 충분히 한 뒤에 한 가지를 택해야
할 것이라고 하셨다. (여부 있습니까?)

마친 L 교수님이 들어오셔서 일어서게 되었다. 문을 나서는데,
"아버님께 안부 전하게" ――― 등을 때렸다.

김용규 교수님 연구실은 비어 있었다.

저녁엔 성당(계산성당)에 갔는데, 우연히 파비올라를 만났다. 오
늘 저녁엔 평소와 달리 꽤 귀여워 보였다. 저간의 사정을 알고 있어
서인지, 나 보고 방의 불을 끄고 외면하라더라.

모든 것을 포기하지 않으면 안 될 것이라고 짐승같이 공부하랜
다. 비가 왔다. 그냥 맞으며 둘이 집 근처를 한 바퀴 돌고 들어 왔다.

1980. 5. 14. 일기에서

45

새람(1)

지금 3시다.

오늘도 어김없이 2시 30분에 눈을 떴다.

이젠 시계만큼 정확하다.

2시에서 2시 30분 사이엔 꼭 눈을 뜨게 된다.

게다가 또 이 절 안에서 지금 이 시각에 눈을 뜨고 있는 사람은

나 혼자뿐이라는 사실!

달은 없으나 外燈이 밝아 좋다.

어둠 속에서 멀리 江은 히끄므레 보이고

桃津의 전등불빛은

크리스마스 트리의 장식 꼬마 전구처럼

반짝이고 있다.

초저녁의 올망졸망한 불빛은 좋더니만

지금은 하얀빛만 나는

큰 불빛 하나뿐이다.

아!

이제 진도 나가자.

물이 끓는다.

1980년 6월 5일 새벽. 일기에서

'새람'이란 '새벽을 좋아하는 사람'의 약자입니다. 사실 대학 4학년 때 강의 시간에 옆에 앉은 학형이 자기는 이런 호를 지었다고 앞으로 이렇게 불러달라고 하기에, 나도 한번 지어볼까 하여 "曉彦(효언)"이라고 한 적이 있습니다. '새벽을 좋아하는 선비'라고 나름대로 부쳐본 것이지요. 한때는 모든 편지며 글 말미에 '曉彦'이라고 쓴 적이 있습니다. 그런데 "曉" 자와의 인연이 기이합니다. 우연인지 그 후, '曉星'여대에 가게 되었지요. 그리고 어느 날, 한글이 낫다고 싶어 '새람'으로 하였답니다. sayclub의 닉네임으로도 사용했습니다.

새람(2)

5시부터 7시까지의 시간을 제일 좋아한다. 어둠 속에서 눈을 비비고 연녹색 모습을 수줍어하며 드러내는 광경. 깜깜한 암흑 속에서 홀연히 자태를 드러내는 이 시간이 참 좋다. 이슬을 머금어 반짝이며 곧 솟아오를 태양을 맞을 준비를 하는 연녹색 모습을 너무 사랑한다. 촉촉하게 젖은 모습이 메마르지 않아 더욱 좋다. 오늘도 참 장관이었다.

어제 참, 때맞은 (아니 늦은 감이 없진 않지만) 비로 바싹 말랐던 강이 그득하게 물이 흐르고 초록빛 그 선명하고 신선한 색상 멀리 가야산은 흰 구름을 안고 회색 구름과 단합한 듯 재빠르게 푸른 하늘을 가로지르고 강가의 포플러 숲은 한층 더 아늑해 보였다. 용기가 솟는다.

이즈음 몰두하고 있다. 다른 일은 생각할 여가도 없고, 할 마음도 일지 않는다. 충실한 하루하루가 엮어지고 있다.

하느님 감사합니다. 가끔 옆방에 전화가 왔다는 고함 소리, 옆방에 배달되는 갖은 편지들이 신경을 거슬리게 하나 이젠 면역이 되어 간다.

머릿속엔 온통 채권법과 불어 단어로만 가득 차 있는 것 같다. 열심히 하자.

1980. 6. 26. 일기에서

민낯의 일상

단오라 상주에 갔다. 구태여 15일 저녁 기차로 가라고 우기시는 할머님을 이해 못했으나, 알고 보니 모처럼 나온 손자에게 마땅한 찬도 없고 해서, 집에 가서 잘 먹으라는 內心이 그렇게 하셨다니, 송구스럽고 고개가 깊이 수그러진다.

고마우신 분 —. 아버님께서는 얼굴은 맑으신 편이었다. 포도는 너무 많이 열렸더라.

앵두는 빛깔만큼이나 맛이 좋았다. 초등학교 중학교 친구들을 만났다. 그들과 너무나 판이한 세상을 살고 있는 자신을 발견했다.

그 거리감을 무엇으로 메꿀꼬. 서서히 자리를 굳히고 있었다. 그들 나름대로의 위치를.

아버님 마음이 너무 약해지셨다. 어머니랑 보따리를 들고 돌아설 때, 보이지 않을 때까지 담 너머로 손을 흔들고 계셨다. 전엔 그러지 않으셨는데. 마음이 약해지셨다.

내가 할 수 있는 일은? 빨리 한 사람 데려와서 시중을 들게 할까? 우스운 생각인가? 가장 큰길이고, 급한 일은 이 일을 마무리 짓는 일이리라 엄마 조금만 더 고생하소. 할머님 오래오래 사시소.

1980. 6. 17. 일기에서

한때는 사법시험 합격이 모든 문제를 일거에 해결할 것이라는 기대감도 있었습니다.

아버님에 대해서는 한권의 책이 나올 것 같습니다.

다만 여기서는 제게 보내주신 편지글만 올립니다.

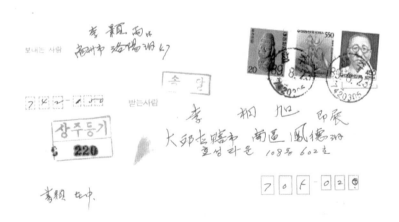

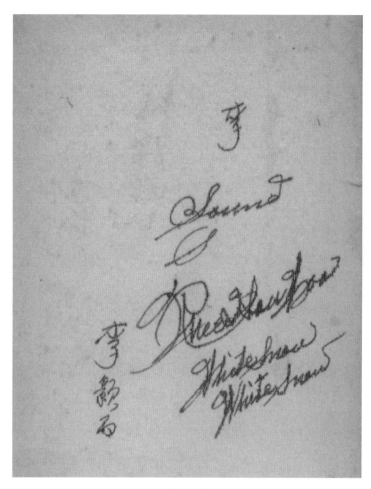

영문 사인

그런 얘기

해가 길어
해가 길어
다섯 시가 채 못돼
고파지는 배
콩우유에 미숫가루 두 번 먹어도
뭉게구름 하얀 달이
큼직한 빵으로 보이는 날엔
사랑하는 사람
먼 길을 달려와
식빵 한 덩어리
가슴에 살짝 안겨주는
꿈을 꿉니다.

－－옆방의 라면 끓여 먹는 잡음은 와 그리 크노!－－

1980. 6. 28.　靑龍寺에서

유학사에서 겨울을 지내고 여전히 군 문제는 해결되지 않는 등, 불확정한 상태라 다시 고령 청룡사로 들어와 여름을 지냈습니다.

그렇게 지내다가, 그해 1980년 10월 군징집 면제 판정을 받고 1981년 3월 대학원 박사과정에 입학하였습니다. 그리고 그 이듬해 이태재 선생님의 추천으로 1982년 3월부터 효성여자대학교 법학과에서 민법 강의를 맡게 되었는데, 결혼을 조건으로 전임 발령을 유보하여 1983년 2월 20일 결혼한 후, 3월 1일 전임으로 발령을 받았습니다.

오늘 이 자리에 제가 있게 된 것은 오로지 이태재 선생님 덕분입니다. 선생님과의 인연은, 여기에 소개하기엔 너무 턱없이 부족하여 별도의 장을 만들어 볼 계획입니다. 우선 선생님의 따뜻한 가르침을 되새기고자 박사논문의 결론 부분을 보완해주신 친필 원고라도 실어봅니다.

結論

우리 나라의 宗族制度는 지정부터 中心 北文化圈에 多하여 있으나 中心은 宗法을 制도 宗族制度의 영향을 받으나로서 우리 民族의 固有한 特性을 지니고 있었다. 中心는 宗法制고 우리나라, 特春한 것은 高麗末期에서 朝鮮初에 와서 宗族制 宗族制가 전차로 盛행되었다.

그러나 高麗末 朱子學이 보급으로 인하여 宗族観念이 祭祀承繼로 함축되었고 그 内部로 祭祀承繼는 嫡孫承繼로 나타나는 契約으로 現象으로 파악되었던 것이다. 高麗時代는 嫡孫承繼는 官律에 준하여 嫡長子承繼를 신술으로 하고 있었으나 嫡子優先의 思想이 강하나 부하였고 특히 女系로 連關된 긴밀한 特性이 있었다. 다만 宗法制 宗族制度는 高이麗 때부터의 華界慣俗과 財産相續에 있어서 子女相續規을 强調 嫡長子優先한 宗法制도의 형태를 띠고 있었을 것이다.

財産相續에 있어서 子世에게 均等相續이나 女系을 南選서에까지 波及하여 紀口古典에 이어 졌다. 그러나 16세기代에 이르러 孔學이 크게 발달 하므로 子世이 区別 두게 되었고, 嫡長子의 優先, 嫡長이에 祭祀奉祀, 宗법 奉子制도의 契約, 子女均等上속과 勢는 줄음으로 文中心의 宗族 宗族制가 確立되게 되었다.

준비된 자에게 기회는 반드시 온다.

1978년 2월 대학을 졸업한 후 대학원에 진학하여 1980년에 법학석사 학위를 받고 군대 문제 때문에 1년간 허송세월을 보내다가, 1981년 박사학위 과정에 입학했는데, 바로 그해부터 전국 여러 대학에 법학과가 신설될 줄이야 그 누가 예측이나 할 수 있었을까? 신설된 법학과에서 교수 채용공고가 쏟아져 나오는데, 정작 교수로서의 요건을 구비한 자격 있는 자는 절대 부족한 상태였다. 왜냐하면 당시만 하더라도 법과대학 졸업생이 대학원에 진학하는 주된 이유는 군입대를 연기하면서 사법시험에 한번이라도 더 응시할 기회를 갖고자 하는 목적이 앞섰기 때문이다.

사실 필자도 대학원 입학 후 강의를 듣겠다고 학교에 쭐래쭐래 나갔더니 강의는 참석하지 않아도 양해할 터이니 사법시험 준비나 열심히 하라는 일부 교수님의 따스한(?) 충고가 있었다. 그렇지만 사실 시험 준비는 내 적성에 맞지 않는 것 같다는 막연한 생각에 특별한 계획이 있을 리 없지만 매시간 마다 수업을 듣겠다고 교수님 연구실에 가곤 했었다. 늘 강의시간엔 수강생이라곤 필자 혼자뿐이었다. 나 홀로 수업을 듣겠다고 교수님과 일대일로 대면강의를 하곤 했으니, 지금 생각하면 참으로 눈치도 없이 교수님들을 성가시게 했을 것 같은, 꽤나 얄미운(?) 학생으로 평가되었을 법도 하다. 한편 그 우직함(?)과 성실함에 지금 이 자리에 설 수 있게끔 학은을 크게 입은 고(故) 이태재 선생님의 눈에 들 수 있지 않았나 싶기도 하다. 이 자리를 빌려 다시 한 번 삼가 선생님의 명복을 빕니다.

어쨌든 논문 준비를 하여 5명의 대학원 석사과정 입학생 동기 중에서 유일하게 석사논문을 제출한 학생으로 기록되었으며(다른 4명은 시차는 어느 정도 있지만 모두 사법시험에 합격하여 부장판사나 부장검사까지 역임하고 최근 전부 변호사로 활동하고 있다), 실로 수년 만에 통과된 석사학위논문이라고 들었다. 다들 대학원 입학 후 사법시험 준비에 여념이 없었으니 논문을 준비할 여력이 없었던 것이다.

그 후 선생님의 권유로 대학원 박사과정에 다시 입학하게 된 것이 1981년이다. 그런데 그게 인연이 되어 비교적 젊은 나이인 만 26세가 되던 1983년에 전임강사로 발령받게 된 계기가 될 줄이야…

사실 이미 1982년에 임용 결정이 되었지만 나이도 어리고 결혼도 하지 않았다는 이유로[당시 효성여자대학교(현 대구 가톨릭대학교)는 총각을 교수로 임용하지 않는 불문율 같은 것이 있었다] 1년을 전임대우 같은 신분으로 강의를 하며 지냈으니, 그렇게 따지면 임용 시기가 만 25세까지 올라가게 된다. 1982년에 임용 서류를 제출했는데 그 이듬해인 1983년에 민법 관련 교수공채 공고가 다시 난 것도 아니며, 필자 또한 임용에 필요한 서류를 다시 제출하지 않고 전년도에 제출한 서류로 그냥 대체되었기 때문이다. 문제는 준비된 자에게는 언젠가 기회가 온다는 것이다. 반드시 온다. 앞일은 아무도 모르기 때문이다. 어느 누구도 알지 못한다. 물론 예측할 수 있는 영역도 있겠지만, 자신의 역량과 관계해서는 그 어느 누구도 알 수 없는 자신만의 미래가 있다는 것이다. 실제 온 몸으로 체험한 필자의 이야기를 단순히 운이 좋았다는 한마디로 뭉치지는 말아주기 바란다.

법학! 어떻게 공부할 것인가?, 2008.

육아일기

...

1983년 11월 24일 1시 40분

애야, 넌 태어난 거다.

이 세상에 그 모습을 드러내며, 한밤의 정적을 깨고

생명의 문을 열고 들어선 거다.

아직 피가 채 마르지 않은 네 모습을 바라보며,

난 생명의 신비에 몸을 떨었다.

넌 이제 우리 가족이 된 거다.

한 송이의 국화꽃을 피우기 위해 그렇게 소쩍새는 울었다고 했다만

이날을 위해 네 엄마는 얼마나 많은 고통을 감내했던가?

먹기 싫어도 억지로 먹어야 했고,

먹고 싶어도, 그렇게 먹고 싶어도 먹을 수 없었던 적이 그 몇 번이던가?

이제 그 보답을 받은 거다.

하느님은 우리에게 예쁜 딸을 보내주신 거다.

우린 아빠 엄마가 된 거란다.

또 산모도 건강하다는 간호사 얘기에 더없이 감사했다.

하느님 정말 감사합니다.

병원 복도에서 30분쯤 서성대고 안절부절 왔다 갔다 했다.

이럴 때 담배를 피우나 싶었다만 별 수 있나.

네 엄마 코트만 걸쳐 들고 저 끝에서 이 끝까지 몇 십 번이고 왔다 갔다 했는데,

간호사가 불쑥 널 안고 나타난 거다.

겨우 몇 초만 만나게 하곤 이내 옆방으로 들어가 버렸다.

난 네 엄마를 찾았단다.

여보! 수고했소!!!

네 엄마는 얼굴을 백지장처럼 하얗게 해서 침대에 누워있었다.

더 예뻐 보이더라. 손을 꼬옥 잡아 주었지.

난, 정말 딸이길 바랐는데, 역시 아빠와는 뭔가 통하는가…

정말 난 그때 정신이 없었다.

한편은 얼떨떨하고, 내가 아빠가 되었다는 사실이 크게 실감나지 않았다.

23일 오후 산부인과 과장님이 조산(30일이 예정일이다만)하겠다고 했다만, 그날 밤 당장 올 줄이야.

그날 저녁은 모처럼 엄마와 외식을 했단다.

힘을 돋우기 위하여 갈비를 먹으러 간거다.

숯불갈비를 맛있게 먹고 집에 온게 8시경이었다.

9시쯤 배가 아프다고 했지만, 난 대수롭지 않게 여겼단다.

워낙 또 피곤해서 잠이 들었다.

12시가 넘어서 네 엄마가 날 깨웠다. 때가 온 거다.

침착하게 옷을 갈아입고 택시를 탔다. 1시쯤 병원에 도착했을 거다.

그 후 난 밖에서 사뭇 기다린 거란다.

참으로 극적인 순산이었다.

하느님! 참으로 감사합니다.

2시경에 신암동에 전화를 냈다. 곧 할아버지와 작은할아버지가 오셨다만, 넌 만나지 못하고 네 엄마만 보시곤 가셨다. 다 좋은 분들이다. 어서 크거라.

네 주위엔 좋은 분들이 너무 많단다.

난 혼자 집으로 와서 자리에 누웠지만 잠이 오지 않았다.

어떻게 클까? 어떠한 아이로 자랄까? 누굴 많이 닮았을까?

정말 이제 내가 아버지가 된 것인가?

이리저리 뒤척이다 4시 반 넘어 잠이 들었나 보다.

목요일 강의는 망치게 될 것 같다.

7시에 눈을 떴으나 머리가 아팠다.

학교 가야지.

...

1983년 11월 26일

드디어 집으로 왔다.

범어동 고모할머니께서 차를 보내주셔서 아주 편하게 왔다.

네가 처음으로 바깥 구경을 한 순간인데, 넌 세상모르고 잠든 채 집으로 이사왔다.

네가 거처할 방에 전기장판을 깔고 이부자리를 준비했다.

어제 상주에서 급히 내려오신 할머니와 같이 생활하는 거다.

네 엄마는 아직 몸이 완쾌되지 않아 얼굴이 부석부석하다.

사진을 몇 장 찍었다.

네가 엄마 젖 물고 빠는 모습.
나중에 크거든 보고 어머니께 깊이 감사해라.

...

1983년 12월 2일 맑음
날씨는 좀 풀린 것 같다만, 엄마 병원행은 연기하기로 했다.
어제 할머니는 상주로 내려가시고, 상주에 계시는 할아버지와 네
증조할머니를 위해서는 가셔야만 했다.
이 아빠가 쌀을 씻고 밥을 해 봤단다.
네 엄마는 안쓰러워 걱정스레 옆에서 바라보고 있다.
밥은 물이 조금 적었고, 계란말이는 너무 싱거웠든가.
밤새 기저귀는 한 아름 내놓았고, 설거지 할 것도 밀리고
아! 이것저것 할 일이 많구나.
할머니가 가셨는 줄 아는가. 얘야, 너도 참 조용하게 잘 자는구나.
고맙다 애기야!
해서 엄마랑 이름을 생각해보기도 하였다.
"예지", "슬기"
뭐 아무리 생각해도 예쁜 네 모습을 한마디로 표현할 이름을 찾지
못하겠더라.
엄마랑 마주 보며 실컷 웃기나 하였다.
오후엔 경비실에 연락해서 아주머니 한 분을 불렀다.
밀린 빨래며, 청소를 부탁했다.

그런데 저녁 무렵 연거푸 기저귀를 한가득 채워서 볼일을 봤더구나.
많이 먹었던가? 설사처럼 묽은 변을 너무 많이 내놓았다.
목욕도 해야겠다.
가까이 살그머니 안아보니, 진짜 젖비린내며 여러 가지 땀내 범벅이
됐더구나.
아직 배꼽이 아물지 않아서 물에 마구 넣을 수 없기 때문이란다.
허지만 네 모습은 너무나 예쁘다.
넌 너무나 평화로운 모습으로 이 세상의 모든 惡과는 단절된 채 조
용하게 자고 있다.
네 엄마가 옆에서 네 얼굴에 송글송글 비친 땀을 닦아 주는구나.
애야, 잘 자거라.

• • •

1983년 12월 4일 쾌청
아가야!
오늘 참 많이 울었제.
그동안 벼루고 벼르던 일. 엎어 키우기를 시도한 날이었다.
아가야!
생각건대 네가 태어나서 오늘날까지 운 양을 다 합쳐도 아마 오늘
운 것만큼 안 될 것 같구나. 저녁때쯤 시장해서 아빠 라면 하나 끓
여먹고, 엄마에게는 미역국을 데워주려고 준비하는데 벨이 울렸다.
범어동 고모할머니께서 오신 거다.

대뜸 하시는 말씀이 엎어 키우라는 거다. 머리 모양도 예뻐진다고…

사실 벌써부터 엎어서 키우리라고 마음먹었지만, 배꼽이 덜 아물어서 미루어 왔었는데,

이제 배꼽도 떨어졌겠다, 당장 엎어 뉘라고 하셨다.

한 사흘쯤 울더라도 참고서 견디면 된다고 하시며, 네 큰이모네 현진이 언니 예를 들었다.

그렇게 울더라고.

그런데 애야!

정작 엎어 눕히니까 넌 신기하게도 울진 않더구나.

순간 참으로 대견스럽더라.

넌 칭찬 많이 들었단다. 너무 순하다고.

아니!!! 한데

10시 반이 넘자 자지러질 듯 울어대는데…

네 엄마는 안타까워 화장실로 도망쳐버렸다.

넌 땀을 빠지락 빠지락 흘리면서 우는구나.

이 아빠도 가슴이 미어지는 것 같다.

그러나 네 예쁜 모습과 건강을 위해서는 해야 한단다.

이젠 울다가 지쳤는지 조용하구나.

애야! 잘 자거라.

벌써 네 목은 오른편으로 너무 기우는 것 같다.

왼편으로는 머리를 돌리지 않으려고 한단다.

네 엄마는 너무 안쓰러워한다만, 기필코 엎어서 키워야겠다.

네 마음대로 해주지 않는다고 원망하진 말거라. 대신 훗날 예쁜 두상이 될 게다.

오늘 기저귀 11장이나 아빠가 빨았음을 잊지마라.

* * *

1983년 12월 5일 쾌청

오늘도 하늘은 무척이나 높고 푸르구나.

얘야, 빨리 자라서 저 파란 하늘을 사랑하고,

그만큼이나 높고, 싱싱하고, 밝게 자라려무나.

하루빨리 저 하늘을 네게 보여주고 그 아름답고 고상한 얘기들을
들려주고 싶어

그저 이 아빠는, 엄마는 안달이란다.

오늘도 낮에는 여전히 조용하고 얌전하게 잘 지냈구나.

네 엄마하고 엎어서 자지 않겠다고 신경전을 벌인 것은 제외하고
말이다.

엄마도 오늘은 모처럼 일어나서 머리를 감았나 보다.

아빠가 학교 갔다 오니 환한 얼굴로 맞이하더구나.

너도 엄마만큼 고운 피부를 가졌으면 더 할 나위 없을 거다.

그 미역국을 그렇게 많이 먹었으면, 이젠 질릴 것도 같은데

행여나 네 젖 나오지 않을 새라 참으며 그저 꾸역꾸역

갈비탕 큰 그릇으로 한 대접씩 쓱쓱 먹어치우신단다.

그런데 母性愛라고 하나보다.

네가 자라서 또 네 엄마가 겪은 産苦를 겪어야 한다는 사실에

네 엄마는 미리 벌써부터 당겨서 걱정이구나.

난 웃으며, 그럼 수녀원에 가면 된다고 했다만…

글쎄. 네가 자라면서 생각해보자.

하느님은 각자에게 각기 제 할 일을 빈틈없이 맡기시니까.

너무 성급하게 굴지는 말자꾸나.

이거, 아직 아무것도 모르는 어린 너를 눕혀놓고 엄마, 아빠가 너무 극성이구나.

그런데 이 녀석.

꼭 밤에는 한 번씩 애를 먹이는구나.

방금도 한 시간 반씩이나 칭얼대며, 울다가 이제 겨우 잠드는구나.

그렇게 엎드리는 것인 싫으냐?

아니면 배꼽이 아픈거니?

엄마가 어지간히 안쓰러워한다만 참아라.

모두 너를 위한 일이란다.

잘 자거라.

· · ·

1983년 12월 6일 쾌청 바람 불고

애야! 어찌 그리 우느냐?

아이고. 너무 운다.

젖도 먹을 만큼 먹었는데…

언제나 11시부터 1시까지는 잠 못 이루고 괴롭히는구나.

그만 울자.

네 엄마, 아빠 생각도 해보렴.

바로 뉘이니까, 똥을 또 그렇게 많이 쌌구나.

그제사 시원한가, 조용해진다.

시계는 벌써 1시를 넘었다.

아이고 또 우나.

배가 허전한가 보구나.

젖 좀 먹고 자자, 응?

아가야. 자야 한단다.

• • •

1983년 12월 8일 쾌청

어제부터 변을 보지 않아 참 걱정했었는데,

심지어 가톨릭병원 소아과 과장님께 전화까지 냈었다만,

저녁 8시경 기저귀를 흠뻑 버려놓았구나.

옷에까지 범벅이 되도록 많이 나왔더라.

어ㅡ. 참 시원하겠다. 참으로 시원하겠어.

내일까지 기다려보고 계속 변비증세가 있으면 관장을 할까도 했는
데, 속 시원하게 볼일 봤구나. 고맙기도 하다.

어서 건강하게 무럭무럭 자라다오.

낮에는 엄마가 다니는 병원의 원무과장님이 다녀가신 모양이다.

네가 사용할 담요도 사오셨고, 애기를 4명이나 낳으신 분이라 경함
도 많으신가,

네 얼굴을 보니 황달기가 있다고 걱정하더란다.

이미 아빠도 책을 보고서 신생아 황달에 대해 알고 있다만,
눈동자나 발바닥까지 노랗게 되지 않은 이상, 차차 사라지는 것으로
되어 있단다.
분명 네 눈은 까맣고 발바닥도 발그스레하다는 점을 내가 몇 번씩
이나 확인해 두었는데,
병원에 한 번 가보라고 네 엄마에게 권유를 하신 모양이다.
오후에 집에 전화를 하니, 나 보고 병원에 데리고 가라고 엄마가 부
탁하더라.
부랴부랴 와서 보니, 내가 보기에는 정상적인 것 같아
병원 소아과에 전화 문의부터 했더니만, 역시 동일한 얘기였다.
눈동자, 발바닥 운운 하더구나…
괜찮고말고.
저녁에 목욕을 하니 더욱 예뻐진 것 같다.
오늘은 잠도 잘 자는구나.
거저 건강하게 자라기를 빌 뿐이다.

• • •

1984년 5월 30일
새로 이사한 집으로 데려왔다.
이사할 동안의 분주함과 번잡함을 피하고자 5월 8일 상주 할머니
댁에 갔었는데, 이제 돌아온 게다.
할머니, 할아버지는 못내 서운하셔서, 서운하셔서

버스 정류소까지 따라 나오셨다만,

이제 엄마 아빠 품으로 돌아오게 된 거다.

그동안 할머니가 계란 노른자에다 고기에다 어찌나 잘 먹였든지 살이 포동포동하게 쪘구나.

또 괄목할 만한 일이 하나 더 있구나.

이제 네가 혼자 앉아 있을 수 있게 된 거다.

아가야 너도 그만큼 컸단다.

혼자 앉아서 노는 모습을 보니, 벌써 다 키운 듯한 착각이 든다.

그러나 주위에서는 어려움은, 진짜 어려움은 이제부터라고 하는구나. 아무튼 좋구나.

대구 오는 버스에서 넌 잘 자더라.

지난 2월 음력 설세러 상주 갔다 올 때만 해도 참 조심하고 신경을 부쩍 썼다만 이제는 한결 수월하도록 네가 협조를 잘 해주는구나. 참 많이 컸다.

그런데 한 가지 못내 서운한(?) 점이 하나 있단다.

어째, 넌 엄마는 금방 알아보고 냉큼 안기면서,

이 아빠는 서먹서먹해하고 못 알아보는 거니?

...

1984년 6월 5일

드디어 출생신고를 하다.

그동안 難航에 難航을 거듭해오다가,

윤경(崙炅) 이라고 이름 짓다.

곤륜산 崙

빛날 炅

해서,

곤륜산이라는 중국 전설 속에 나오는

하늘에 이르는 높은 산에서,

아름다운 玉이 나오는 산에서,

西王母가 살며 不死의 물이 흐르는

神仙境에서

빛나는 인물이 되라는 뜻이란다.

속세의 물질문명에 때 묻지 말고,

탐욕스러운 마음도 가지지 말고,

청아한 鶴처럼 높은 이상을 품고 살아가라는 뜻이다.

넌, 필경

그렇게 고고하게 살 수 있을 거다.

이 아빠는 확신할 수 있다.

네 주민등록 번호는 831124-2****** 이다.

이제 한 시민으로서 자격이 인정된 거다.

현실은 숫자로 사람을 평가할 때도 더러 있단다.

···

1984년 6월 21일

드디어 윤경이 대·소변을 가리다.

어제 네 엄마가 용변기를 하나 사오셨다.

오리 모양의 분홍색 예쁜 변기란다.

오늘 아침에 네가 늘어지게 잤는가.

잠을 깨서 생긋생긋 웃길레

네 엄마가 번쩍 안아서 변기에 앉혔단다.

하고는, "쉬－"하고 소리를 내며

"윤경아, 응아" 하고 힘쓰는 흉내를 내 보이자

이내 곧 대, 소변을 보지 않았겠니.

엄마는 대견스러워 어쩔 줄을 모르는구나.

윤경아!

정말 많이 컸구나.

무럭무럭 자라거라.

네가 하는 행동을 지켜보자니,

넌 커면 어지간히 영리하지 않을 것 같다.

공부도 잘 할 것은 물론이고.

무엇이든, 누구든,

처음 보면 눈이 빠져라하고 뚫어지게 쳐다보는구나.

그래야 직성이 풀리나보다.

새카만 눈동자로 어찌나 유심히 쳐다보는지…

모부정(母父情)

윤경인 할아버지 품에서 잠들었건만
대문을 나서며
엄마는 울었다.
아린 가슴을 안고 돌아와
현관에 들어설 때
들려야 할 음성이 없다.
해야 할 말이 목에서 맴돈다
윤경아!!!

한쪽에는
게다만 기저귀 자락이 흘러내리고
친구를 잃은 인형은
늘어져 자고 있다.
수화기는 땅바닥에 뒹굴어
가지런히 정리된 장난감들

난로 불을 피워도
휑한 공간을 덥힐 수 없다.
행여나 엎어지면 넘어지면
이리 재고 저리 재며 놓던 난로를
쉽게 아무렇게나 놓으면서

신경 곤두세울 일이 많이 사라졌구나

하면서도

아린 가슴은

어찌할 수가 없다.

늦은 저녁을 들면서

수저를 놓으면서도 이젠

식탁에서 성가시게 하질 않겠구나 하면서도

방에서 막 깨는 소리가 날 것 같다.

행여나 깰까

볼륨마저 높이지 못한 라디오를 틀면서도

꺄르르 웃는 소리가 들리는 것 같다.

밥한 술 뜨고도

윤경이

엄마를 부르는 것 같다.

라면 국물 말아

밥을 밀어넣어면서도

윤경이 아빠를 찾는 것 같다.

1985. 1. 27. 윤경이 상주에 보내고.

둘째가 4월 말경 출산 예정일이라 당분간 상주 할머니가 돌보기로 하여
윤경이는 1여 년을 상주에서 보냈습니다.

아내가 늦는 날엔

아내가 늦는 날엔
어김없이 새벽잠을 설치게 된다.

한 통화 연락도 없이
금방이라도 올 듯 올 듯
저녁 시간을 넘기는 날엔
더욱 그렇다.

내 어두운 그림자에
이리저리 서성대는
윤경이 환희랑
얘기책 두 번 읽고
피아노 치며 노래를 세 번이나 부를 때면
자꾸만 야속해지는 마음을 어쩔 수 없다.
그나마 한 조각 빵이라도 없는 날엔
냉수 몇 잔으로 가라앉는 허기증을 달래며
그동안 버틴 게 아쉬워
또다시 기다린다.

그런 날엔
새벽녘에 꼭 쓰라린 속을 안게 된다.

미안해 어찌할 줄 모르며
뚱해 있는 마음 달랠 여가도 없이
주섬주섬 차려놓은 늦은 저녁상에서
이것저것 무시하고
주먹만한 맨밥에
김치 하나만으로
씹을 겨를도 없이
꾹꾹 삼키며
무언의 항변을 하지만
그것도 이해 못하냐는
아내의 냉랭한 눈총은
더욱 속을 쓰리게 한다.

그리곤
그 날 밤은 영락없이
잠을 설친다.
그냥 삼킨 밥덩이가
싸늘하게 식은 아내의 마음과 범벅되어
뱃속에서 생채로 뒹구는 것 같아
새벽이면
배를 움켜쥐고
책상에 오른다.

1989. 11. 8.

주일학교 왜 가니?

주일학교 왜 왔니?

할머니가 가라고 하셔서 마지못해 왔니?

가기 싫은 학원을 피할 수 있으니까 왔니?

아니면 더 넓어진 성당 마당에서 친구랑 손야구 하는 재미를 못 잊어 왔니?

설마 어머니들이 주시는 간식 땜에 온 것은 더욱 아니지?

그래, 아니야, 아니고말고,

그럼 주일학교에 왜 오니?

예수님 만나러 온거야. 아기 예수님.

또 있잖아. 큰 신부님 눈가에 흐르는 잔잔한 웃음도 보고,

보좌신부님 그 큰 가슴에 안겨보고 싶어 온거야.

그래, 쑥쑥 커가는 진돗개 진복이도 있잖아.

그런데 성당에선 왜 그렇게 떠드니?

일주일 내내 막혔던 말문이 한꺼번에 봇물 터지듯 터진 것 같애.

옆에 앉은 친구랑, 앞에 앉아 있는 친구랑, 뒤에 있는 친구랑

거저 쉴 새 없이 재잘거리는 통에

예수님이 부르시는 말씀도 못 듣고 있잖니?

그동안 잘 지냈느냐고,

반갑게 맞아 주시는 저 제대 위의 예수님이 부르시는

나직한 음성을 들을 겨를도 없이 그렇게 수다를 떠는 거니?

그래, 이젠 예수님과 얘기하는 거야.

예수님! 지난주엔 미치도록 화가 치밀었어요.

잘난 체하는 친구가 얄미워 죽겠다고,

동생과 다투면 무조건 나만 꾸중하는 엄마,

그저 공부, 공부, 날 공부하는 기계로 만드시려는 엄마,

아무리 손을 높이 들어도 한 번 시켜주지 않는

내겐 너무나 무관심한 선생님,

예수님!

이런 제 얘기 좀 들어보셔요.

그래. 한 주일 내내 가슴에 묻어둔 얘길 털어놓는 거야.

눈을 감고 예쁜 기도 손을 가슴 위에 모아서 예수님께 속삭이는

거야 물론, 착한 일 한 것도 살짝 끼워 말씀드려야지

있잖아요.

현관에 벗어둔 신발들이 너무 어지러워 제가 몰래 정돈했거든요.

그런데, 우리 식구들은 누가 했는지 아무도 몰라요.

예수님만 아시는 비밀이에요.

어쩌면 예수님이 슬쩍 칭찬 한마디 하실지 모르지.

숨을 죽이고, 눈을 감고 들어보자꾸나.

가슴에 살짝 안겨주실 예수님 말씀.

그래 이제,

우리 성당에선 예수님하고만 떠드는 거야

우린 예수님 만나러 왔거든.

1997년부터 봉덕성당의 주일학교 초등부 교사를 두 해 정도 했습니다.

75

정유년 팔월 열아흐레

한해 중 가장 풍성하다는
결실의 계절
팔월 한가위 하고도 나흘 지나
더욱 풍요로운 열아흐레
보름달의 완숙한 정기를 듬뿍 안고
태어난 당신은
축복 그 자체입니다.
오늘 그 쉰두 번째 돌아오는
날을 맞아
두 손 가득 정성을 모아
경건한 마음으로
내 사랑을 바칩니다.
오늘을 축하합니다.
당신과의 만남을 감사드립니다.
모래알처럼 그 많은 사람 중에
오직 당신과 소중한 인연 닿아
등 부비며 살아온 지난 세월이
마냥 행복하기만 합니다.
이 세상 누구보다 행복합니다.
먼 훗날
내 의식이 가물가물해지고

옛 추억으로만 살게 될 때
오직 당신과 함께한 기쁨과
행복했던 순간만 기억되기를
간절히 기도합니다.
그날까지 부디 건강하소서
행복하소서

                              2009. 팔월 열아흐레

            김영화 생일날에 사랑하는 남편 이상욱 쓰다.

생일 축하합니다.

사실 저만 고마움을 표시한 것은 아닙니다.
저도 아내로부터 받은 편지가 많습니다만,
두어 개 자랑삼아 소개합니다.

생일 축하합니다.

당신이 있어서
나에게는 늘 든든한 버팀목이고
어디에서든 큰 소리 낼 수 있는
이유가 되는 사람이지요.

무엇보다도 중요한 건강
챙기면서 늘 Happy 하게
삽시다.
조금은 겸손해 하면서 …

2013. 좋은 날 기쁜 날

사랑하는 wife.

여보
오늘은 따뜻한 햇살과 밝음으로
완연한 봄을 느끼게 하네요.
그때 우리가 결혼하던 날은
눈발까지 내리는 겨울인것 같았는데..
방금 전화속의 당신 목소리가 너무 힘이
없어 보이네요.
환절기를 겪을 때 마다 하는 변치례가 지금까지
이어지는걸 보니 내가 내조를 잘 못하는가 봐요.

요즘 당신의 원고 마감으로 바쁘고
책보는 모습이 너무 보기 좋았어요.
당신의 마음, 좀 더 편하게
못해 주는 나의 소견 넓게 이해해 주세요.
이제는 중년의 모습으로 편한 당신
더욱 건강하고 뜻있는 나날들 되기를 바라며
노력해 볼께요.
사랑해요.

2001. 결혼기념 날에

79

2014년 새해 결심

"아내가 싫어하는 일은 하지 말자!"

새벽에 찬 몸 들이대지 않기
밤늦게 허접한 케이블 영화 보지 않기
과식하지 않고 음식에 욕심 내지 않기

위 사항 중 어느 하나라도 위반할 시에는 어떠한 제재도 달게 받겠
음을 서약함.

2014. 1. 5.

이 상 욱

Paris 통신

...

9월 23일

집사람 뜻에 따라 Monoprix에서 노트를 한 권 샀다.

앞으로 1년 동안 매일매일 일상적인 일들을 기록하여 1년 뒤에 서로 바꿔보자는, 매우 낭만적인 것 같으면서, 꽤나 부담스러운(?) 제안이라, 한편 걱정은 되지만, 일단 시도해 보기로 한다.

수요일 집에 도착했다는 안도의 전화를 받았다. 이제 진짜 혼자가 되었음을 실감한다. 그래도 힘차게 나아가자.

Monoprix에서 장도 보고, 오후에는 다시 빵떼옹(Pathéon) 부근으로 버스를 타고 나갔다. 집 앞에서 62번을 타고 3 정류장을 지난 뒤, 다시 89번을 갈아타자 빵떼옹 바로 앞에서 차를 내렸다. 하늘은 너무 푸르고, 날씨도 꽤 더웠다. 사진도 몇 장 찍고, Paris Ⅰ대학 법대 건물로 들어섰다. 1995년에 프랑스 있을 때와 달라진 것은 하나도 없다. 다만 입구에서 가방을 열어 보이는 것밖에는… 고풍스러운 복도, 강의실 모두 그때 그대로다. 또 사진을 찍었다.

그리고 옆에 있는 법대 도서관(Quijas)에 가서 도서관 출입증을 발급받았다. 1995년에 이용했다고 하니 여권을 보자고 해서 보여주니 즉석에서 발급해준다. 2층이 대학원생이나 교수들의 전용 열람실이다. 개가식이어서 책은 얼마든지 임의로 볼 수 있지만, 빌려 가려면 예전처럼 나무 번호판을 받아 번호가 뜨면 대출 창구에 가서 빌려가는 것이 아니라, 인터넷으로도 간단하게 등록할 수 있게 되어 있다. 오늘은 잠시 앉아 있다가 나와서는 근처에 있는 서점에 들렀다. 역시 1995년도에 있던 그 서점들이 그 자리에 그대로 있다. Dalloz에 가서 프랑스 민법전(CODE CIVIL)과 민법 입문 등 앞으로 한국에 소개할 만한 가치 있는 책을 2권 구입했다. 회원 카드를 발급받으면 할인받을 수 있다고 하여 회원 카드도 만들었다.

시장기가 있어서 쇼꼴라가 든 조그마한 빵을 하나 샀다. 이젠 단팥빵 대신 쇼꼴라 빵이다.

돌아오는 버스를 탔는데, 이게 문제였다. 갑자기 버스 기사가 도로가 통제되어 코스를 바꾸어 간다는 것이다. 한참을 왔는데 눈에 익은 광경이 보이긴 했다. 그래도 불안해서 기사에게 물으니 다음 정류장에서 내리란다. 내가 탔던 곳이 아니라 전혀 낯선 골목에서 내리게 되었다. 그 당혹감.

하지만 침착하게 폰으로 지도를 열어 내 위치(도로 이름)를 치고, 우리 집을 입력하자 내가 탔던 버스 정류장까지 5분 거리임이 떴다. 안도의 숨을 쉬고는 둘러보았더니 방향을 종잡을 수 없었다. 오른쪽인가? 왼쪽인가? 헷갈리기 시작했다. 머리가 아파온다.

마침 길을 지나고 있는 마담에게 물었다. "Excusez-moi, Où est la Convention?" 왼쪽으로 가랜다. 감사합니다. 한참을 걸어서 집에 무사히 도착했다.

버스는 불안하다. 언제 갑자기 노선을 마구 변경할지 모르겠다는 생각이 들었다.

...

2019년 9월 24일

　일요일이다. 사실 2시(새벽) 반에 집사람 보낸 문자 소리에 깼다가 늦잠을 잔 편이다. 일요일에 유일하게 문을 여는 Boulangerie는 집에서 조금 떨어져 있다. 맛이 별로라고 생각되어 평소에는 이용하지 않지만, 일요일은 어쩔 수 없다.

　baguette를 사와 아침을 먹고, 청소기를 돌렸다. 앞으로 매일 일요일 오전은 청소기 돌리는 날로 정할 것이다. 며칠 있어 보니, 아침에 눈 떠선 조금 썰렁한 감이 들고, 적막한 감이 약간 드는 듯하다. 그래도 맨손체조도 하고, 기분을 돌아보려고 시도하면서 집사람에게 전화를 했다. 통화가 연결되지 않았다. 이럴 때 가장 당혹스럽다. 난 시도하는데, 연결이 안 될 때 더 멀리 있는 것 같고, 힘들어진다. 세 번이나 시도한 끝에 연결이 되었다. 친구 혼사 준비한다고.

　아침을 늦게 먹어 12시에 집을 나섰다. 오늘은 룩셈부르크 공원(사실 이름이 Jardin du Luxembourg인 것으로 봐서 정확한 명칭은 '룩셈부르크 정원'이라고 함이 맞을 것 같다)이 목적지다.

　집 앞에서 metro 8번과 Rer B, Rer C를 갈아타고(버스 39번을 타면 한 번에 갈 수 있지만, 오늘은 메트로를 이용했다), 공원에 들어서려다가 점심을 해결하려고 빵떼옹 앞의 골목 안에 있는 중국집에 갔다. 면을 아주머니가 직접 손으로 뽑는 집이다. 牛肉면 한 그릇을 맛있게 먹고, 옆의 'Pain du Pomme'에서 사과잼이 들어간 조그마한 빵 하나와 커피 한잔을 마시고는 공원에 들어섰다.

　사람이 참 많다. 햇살이 좋아 일광욕을 즐기는 사람도 많은 듯하다. 한 바퀴 대충 돌아보고, 나도 의자에 앉아 보았다. 뒤로 약간 젖혀지는 철제 의자인데, 어째 그다지 편하지는 않다. 특히 엉덩이가. 웃통을 벗은 사람들은 선글라스를 끼고, 앞에 의자를 하나 더 가져와 다리를 올리고는 하늘을 향하고 있다. 하늘이 코발트 빛이다. 집사람과 통화하며, 사진을 몇 장 보냈다.

나도 멍 때리기 하듯이 한동안 의자에 그냥 앉아 이런저런 사람들 구경하다가 근처의 오래된 성당으로 향했다. 생 쉴피스(St. Sulpice) 성당이다.

오른쪽과 왼쪽의 첨탑이 서로 다른 모습이다. 듣기로는 공사 중 경비가 부족하여 그렇게 되었다고 한다. 1600년대 중반에 착공하여 100년에 걸쳐 지었다는데, Paris에서 두 번째로 큰 성당이고, 그 파이프오르간은 이 세상에서 가장 크다고 한다. 미사 시간이 아니어서인지 관광객들로 보이는 사람들이 듬성듬성 앉아 있는데, 앞자리에 자리를 잡고 잠깐 묵상하고 나와서는, 생 제르멩 거리(Boulevard Saint-Germain)까지 걸었다.

옆에 나란히 있는 「레 두 마고(Les Deux Magots)」와 「까페 더 플로르(Café de Flore)」 중에서, 오늘은 까페 더 플로르에서 Café de crème를 한 잔 마셨다. 5유로 90. 비싸다.

둘러보니 온통 외국인 관광객들이다. 옆에 있는 조그만 서점에 들렀는데, 전문 서적이 아니라 일상에 필요한 책들이 많았다. 서가에 꽂힌 책들이랑 탁자에 전시해 놓은 책들을 쭈욱 훑어보는데, 아! 내게 꼭 필요할 것 같은 책을 발견했다.

"PARIS Buissonnier PROMENADES DE CHARME" 올해(2017년) 5월에 출판된 것이다 번역하면, "덤불 속의 빠리 매력적인 산책길"

쯤 될 것 같다. 급하게 표지를 열어보니 13곳의 산책로를 그림과 함께 자세하게 설명하고 있었다.

제1산책로(Promenade 1)는 발라르 광장(La Place Balard)에서 샤요궁(Le Palais de Chaillot)까지로 되어 있다.

간략하게 스케치하듯 그린 그림을 보니, 발라르 광장에서 출발하여 앙드레－시트로엥 공원(Parc André－Citroën)을 거쳐, 미라보 다리(Pont Mirabeau)를 둘러보고, 자유의 여신상이 서 있는 그러넬다리(Pont Grenelle)를 지나서, 인도와 차도 위로 2층에는 메트로가 지나가는 비르하케임다리(Pont de Bir－Hakeim)를 건너, 샤요궁 옆의 트로까데로(Trocadéro)까지 걷는 3.6km이다. 와! 순간 난 몸이 부르르 떨리는 듯했다. 이 책은 정말 덤불 속에 숨어 있다가 날 위해서 불쑥 나타난 것 같았다. 더구나 발라르 광장은 우리 집에서 걸어서 10분도 걸리지 않는 곳 아닌가? 메트로 타면 2코스다. 트램을 타기 위해서 걸어간 적이 있었다. 이제 빠리 생활이 결코 무미건조 하지는 않을 것 같다. 이제부터 이 산책로를 하나하나 점검해보고, 우리말로 번역해서 소개도 해야되겠다는 욕심도 났다. 19.90유로 책값이 결코 비싸게 여겨지지 않았다.

즐거운 마음으로, 집에 오는 길엔 버스 39번을 탔다. 집에 오니 6시가 다 되어간다. 저녁을 해야겠다.

...

9월 25일

어제 샀던 빠리 산책 가이드 북, "덤불 속에 숨어 있는 빠리의 매력적인 산책로"(임의로 붙인 이름)에 첫 번째로 소개되고 있는 코스를 실습해보기로 했다. 마침 출발이 메트로 8호선 종점 Balard 광장이다. 집에서 걸어보니 딱 7분 걸렸다. 집사람과 토요일에 열리는 Vanves의 벼룩시장에 가기 위해 몇 번이고 걸어갔던 곳이다. 아침을 느긋하게 먹고 11시 30분 경에 호기 있게 출발했다. Balard 광장에서 맨 먼저 갈 곳이 앙드레－시트로엥 공원이다. 광장에서 그다지 멀지 않아 쉽게 길을 찾아 들어섰다. 사실 광장에서 오른쪽으로 조금 걷다가 다시 우회전하여 몇 발짝 걸으면 입구가 보인다. 과거에 시트로엥 자동차 공장이 있던 부지인데 공장이 외곽으로 이전하면서 빠리 시가 이를 매입하여 공원으로 만들었다고 한다. 공원은 꽤 컸다. 나무도 많고, 꽃밭 야생림, 대나무 숲 등, 걷기에 아주 좋아 보였다. 사실 빠리 시 전체가 참 걷기 좋은 곳이지만. 월요일인데도 상당히 많은 남녀가 뛰고 있었다. 잔디밭도 넓고 좋고, 잔디밭 가운데에 열기구도 탈 수 있게 되어 있다. 나도 언젠가 한 번 타보리라. 오늘은 일단 공원을 가로질러 Seine 강변으로 나왔다. 반대편 문으로 나오니 바로 센 강변이었다. 유감스럽게도 강변 정비공사를 하고 있어서 산만하고 시끄러웠다. 공사를 마치고 나면 보기 좋겠지.

그렇게 많이 말로만 듣던 Mirabeau 다리를 건너지는 않고 그냥 둘러보고 계속 강변을 따라 걸었다. 미라보 다리 아래 센 강은 흐르고 있었지만 흘러가는 사랑은 보지 못했다. 계속 강변을 따라 걸어

가니 그러넬 다리가 나온다. 뉴욕에 있는 자유의 여신상보다 훨씬 작지만, 그와 똑같은 자유의 여신상이 서 있는 곳이다. 다리에서 내려가 사진을 몇 장 찍고, 다리 중간쯤에서 이어지는 백조의 길(allée des Cygnes)로 들어섰다. 센강 위의 인공섬이라고 할까. 가로수가 쭈욱 서 있는 예쁘장한 길이다. 한국인으로 보이는 젊은 남녀가 손을 잡고 가다가 눈이 마주치자 인사를 한다. 우리말이 그리웠던지라 같이 걷게 되었다. 두 사람은 신혼여행 중인데 이제 막 호텔에 짐을 풀고 걸어서 나왔단다. 이런저런 밑도 끝도 없는 얘기를 하며 걷다가 비르하케임 다리까지 오게 되었다. 그런데 여기서 헷갈렸다. 원래 코스는 다리를 건너 코스타리카 광장(Place Costa‒Rica)을 돌아 벤자민 프랭클린가(la rue Benjamin Franklin)를 따라서 사요궁으로 나오게 되어 있는데, 서로 얘기하다 보니 그냥 강변길을 따라오게 된 것이다. 그래도 사용궁에서 에펠탑(la Tour Eiffel)을 앞에 두고 이를 배경으로 해서 사진을 찍어 주었다. 시간이 꽤 흘렀나보다. 배가 고파지기 시작하였다. 보니 1시 가까이 되었다. 요 근방에서 점심을 먹을 생각이라고 했더니 무슨 레스토랑이냐고 묻기에 오늘 점심은 버거로 정했다고 하자, 자기들도 같이 가겠다고 한다. 아침에 나설 때 미리 찍어 놓은 레스토랑이 있었다. "Schwartz's Deli"의 버거가 좋다고 하여, 마침 같은 방향이라 이 기회에 가려고 마음먹은 곳이다. 골목길 안에 있었지만 어렵지 않게 찾을 수 있었다. 길 안쪽의 검은색 집이다. 점심시간이 약간 지난 시간이지만 사람이 꽤 있었다. 안내해 주는 자리에 앉아 메뉴판을 보니 가격이 만만치 않다. 버거가 크긴 하지만 기본이 18유로(2만 원이 넘는 금액)다. 신혼부부에게 한 사람당 18유로 점심은 결코 싼 집은 아니리라. 버거 집이라고 하니

4~5유로 생각했는지 모르겠다. 가격을 보고 남자가 약간 놀라는 표정을 지으면서도, 버거 1개만 주문해서 같이 먹자는 여자의 의견을 묵살하고 2개를 주문하였다. 게다가 콜라 2잔까지.

약간 어색한 분위기가 흘렀지만, 난 개의치 않고 내 얼굴만한 버거를 나이프로 자르기 시작하였다. 버거는 가격 값을 할 만큼 큼직하고 맛은 먹을 만했다.

점심을 먹은 뒤, 커피도 한잔 하겠느냐고 물었더니 그 두 사람은 이구동성으로 그냥 가겠단다. 다시 걸어서 호텔까지 가겠다고 하여 바로 헤어졌다. 돌아가면서 버거값 때문에 서로 다투지 않기를…

돌아오는 길은 코스의 방향대로(아나 역방향이 된다) 걸었다. 아까 갈 때보다 훨씬 운치 있고 예쁜 정경이었다. 그런데 Javal 역 앞에 오자 다리가 아팠다. 마침 역에 들어서는 Rer C 를 타고 엥발리드(Invalid)까지 와서, 정문 옆에 있는 카페의 노천 의자에 앉아, 카푸치노(8유로)를 한 잔 마시면서 길가는 사람들도 보는 등 한동안 멍때리기를 했다. 다시 메트로 8번을 타고 집에 들어오니 4시 반이다. 오늘은 많이 걸었다.

• • •

9월 26일

집사람이 출발한 지 딱 1주일 만이다. 느낌은 한 달이 지난 것 같다. 아침은 역시 baguette. 1유로 20 하는 집. 그런데 마담이, 앞에 선 남자에게는 선반 위에 있는 큰 바구니에 담겨 있는 것을 주고 내게는 탁자 밑에 있는 바구니에서 꺼내 주었다. 나도 똑같이 baguette 를 달라고 했는데… 찜찜한 마음으로 집에 와서 한 입 베어 물어보니 왠지 질긴 것 같기도 하다. 혹시 사람 봐가면서 주는지 문득 의심이 갔지만 아니야, 사람을 믿고 살아야지. 앞으로는 한 집만 줄기차게 찾아가서 단골로 인식을 시켜야겠다는 생각이 든다.

오늘 일정은 생 제르멩 데 프레(Saint-Germain-Des-Près) 성당에서 출발하여 몽빠르나스(Momparnass)까지 가보기로 했다. 지하철보다 버스가 좋을 것 같아 집앞에서 62번을 타고 3코스 뒤에 환승을 해도 되지만, 그냥 걸어가서 39번을 타고 생 제르멩 데 프레 광장 부근에서 내렸다. 생 제르멩 데 프레 성당의 첨탑이 높아 멀리서도 알아 볼 수 있어 좋다. 그 건너편의 까페 '두 마고'와 '까페 플로르'의 모습이 한눈에 들어온다. 꽤나 비싼집…

먼저 성당에 들어갔다. 6세기에 건축된 성당이라니. 우리나라 삼국시대의 건물인 셈이다. 물로 후대에 증축되고 개축되었다지만, 프랑스에서 가장 오래된 성당이다. 역시 고색창연한 건물 내부에 벽화도 인상적이었다. 내부를 수리하는지 보수하는지 공사 중이라 산만 했지만, 시간의 흐름이 드러나는 중후한 분위기의 성당이었다. 잠깐 앉아 묵상하고는 나와서, 성당 뒤편에 위치하고 있다는 들라크루아 박물관(Delacroix Museum)으로 발길을 돌렸다. 1830년 7월 프랑스 혁명 당시, 한 여인이 프랑스 깃발을 높이 들고 있는, "민중을 이끄는 자유의 여신"이란 그림으로 유명한 들라크루아가 만년에 작품활동을 했던 집이다. 골목을 돌고 돌아 찾기가 쉽지 않았다.

아! 그런데, 오늘과 어제(월요일과 화요일)은 휴관이란다. 검은 문앞에서 발길을 돌리고 점심을 먹기로 했다. 책에서 미리 봐두었던 곳,

크레뻬(Crêpe) 전문점. 몽빠르나스 부근에 있는 "Crêperie de Josselin" 으로 향했다. 생 제르멩 데 프레에서 rue de Renne 대로를 쭈욱 따라 걸었다. 주변의 예쁜 가게 들이 많아 지루한 줄 모르겠다. 나중에 시간 될 때 둘러볼 가방 가게도 하나 발견했다. Montparnasse 앞에 서 생 제르멩 데 프레 성당을 보고 오른쪽으로 Boulevard du Montparnasse로 가서 우회전하면 rue du Montparnasse가 나오는데, 그 길 67번지에 위치하고 있다.

그런데. 아! 이 집도 오늘 쉰단다. 알고 보니 이 집은 월요일과 화요일 모두 휴업이다. 어떡하지. 그런데 다행히도 주변을 둘러보니 온통 크레뻬 집이었다. 이곳저곳 기웃거리면서 돌아보며 망설이는 데, 한 집이 눈에 들어온다.

1937년부터 문을 열었다는 집 간판이 눈에 확 띈 것이다. "La Crêperie Bretonne." 내가 원래 가려고 했던 집 맞은편에 위치하고 있다(56번지). 밖에서 보니 손님도 가장 많았다. 일단 들어가서 자리 를 안내받고, 추천한다는 마크가 찍혀있는 크레뻬를 주문하고, 시드 르(Cidre)도 한 잔 주문했다. 잔이 아니라 사발(bowl)로 나왔다. 비로 소 주위를 둘러보니 옆 좌석에는 프랑스인으로 보이는 남녀 여섯 사람이 시끌벅적 식사하고 있었다. 역시 크레뻬를 먹고 있었다. 아! 그런데 이 집은 제대로 된 집이었다. 크레뻬가 아주 아주 맛있었다.

돌아와서는 빠리의 맛집으로 올렸다. 언젠가 기회가 되면 프랑 스(빠리)의 맛집을 소개하는 책이라도 내려나 싶어 하나하나 정리하 기로 한 것이다. 시드르도 알딸딸한 감이 온다.

점심을 잘 먹고(전부 15유로), 몽빠르나스 전망대로 갔다. 건물 뒤편을 돌아 입장권을 사는데, 창구의 아가씨가 일본인이냐고 묻기에 한국인이라고 했더니, 옆 창구에 앉아 있는 여자를 가리키며, 쟤 친구가 한국 남자라고 한다. 빠리 여성들에게 한국 남자가 인기 있는가? 56층까지 매우 빠른 속도로 올라갔다.

와!!! 빠리시 전체가 한눈에 들어온다.

저곳이 루브르, 룩셈부르크 공원, 빵떼옹, 엥발리드, 에펠탑 등등, 알고 있는 곳이 한눈에 들어오니 빠리 전체를 알 것 같다. 대충이나마 빠리 지형을 파악할 수 있었다. 주로 센강 남쪽 지역이 중요한 곳이 많았고, 전망대도 그 방향으로 초점을 맞추고 있었다. 우리 집은 저기 어디쯤일 것이라고 짐작하면서, 집사람과 애들이 오면 다시 꼭 와야겠다고 다짐하며 내려왔다. 다시 생 제르맹 대 프레로 올라와 39번 버스를 타고 Convention – Lecourbe에서 내려서 집까지 걸어서 왔다. 다행히 4시 반 전이다. 4시 반까지는 집에 들어와야 하는 신데렐라 아저씨다. 집사람이 잠자리에 들기 전에 통화해야 안심하고 잘 주무실 게다. 집에 연결된 wifi를 이용하면 한국에 거는 국제전화는 무료가 된다. 더구나 프랑스는 아직 인터넷망이 빈약하여서인지 길거리에서는 인터넷이 잘 연결되지 않는다.

●●●

9월 29일

드디어 은행에서 카드를 받았다. 사실 내게 카드의 비밀번호가 우편으로 배달된 것을 보면(프랑스는 카드의 비밀번호는 자신이 부여하는 것이 아니라, 은행에서 정해서 본인에게 등기로 부친다) 분명히 은행에 카드가 왔을 터인데, compte(계좌)를 개설하는 녀석이 'Acte N'ais-sance'를 잡고 늘어지는 바람에 이렇게 늦어진거다. 영사관에서 오후 2시 40분쯤 서류를 받고 은행에 전화하니 지금 오란다. 부리나케 집에 가서 혹시 싶어 여권을 챙겨 은행에 가니 창구 앞의 직원이 자신에게 말하면 카드를 준다면서 신분증을 보잔다. 아니, 난 그 성이 Mokotomarara인가 하는 녀석과 약속을 했다고 하니 전화를 하더니만, 'Acte N'aissance'를 보잔다. 마침 그 녀석도 나오기에 서류를 보여주니 그제서야, "Parfait! C'est fini"라고 하면서 동료 직원에게 카드를 주라는 거다. 보니 이미 카드는 그 직원 서랍 속에 있었다. 아! 이렇게 카드 발급도 힘들구나. 그렇지만 이제는 현금을 가지고 다닐 필요가 없게 되었다. 특히 동전으로 골치 아프지 않게 되어 더욱 좋다.

사실 아침에 영사관에 서류를 신청할 때, 처음에는 다음주 월요일에 받으러 오라기에 가능하면 오후에 받아갔으면 좋겠다고 정중히 부탁하니 담당자에게 전화를 하드만, 오후 3시경에 오라고 했다. 지금 10시 40분 조금 넘었다. 그동안 무엇을 할까, 하다가 '알렉산더 3세 다리(Pont Alexandre Ⅲ)' 쪽으로 걸었다. 날씨는 맑고 햇볕은 뜨거웠다. 선글라스를 바꿔 끼고 열심히 걸어가 'Petit Palais'에 들어갔다. 입장료가 없는 곳이다. 이곳에서도 중국인들이 시끄러웠다. 그런데, 아! 참 잘 왔다는 사실을 알게 되었다. 마침 전시 중인 내용이 17세기 무렵의 생활용품들, 가구며 도자기도 많고 그림과 조각도 많았다. 그림 중에는 Monet 그림도 있었다. 가구며 예쁜 찻잔들은 사진 찍어 집사람에게 보냈다. 한참을 구경하니 12시가 넘었다. 슬슬 점심먹으러 가야 한다. 오늘은 엥발리드 부근의 'Café de

Marche'나 'Café Central'로 정했다. 이제는 별 어려움 없이 잘 찾는데, 그 레스토랑 주변도 참 예쁘게 단장되어 있었다. 'Café de Marche'로 정하여 길가 1인 좌석에 앉아 '앙트레꼬뜨(entrecôte)'를 주문하였다. 고기 맛은 그런대로 괜찮았다. 사실 이 집은 생선이 유명하다는데, 내가 다른 집과 착각했다. 커피까지 마시고 일어섰다. 주위엔 온통 프랑스어로 떠드는 소리들. 동양인은 오직 나뿐이었다. 혼자 밥먹는 혼족은 내 앞에도 있고, 내 옆에도 있다.

아직 시간이 일러 슬슬 걸어나오는데 골목에 책방이 있다. 들어가 보니 머리가 하얀 할아버지가 반갑게 맞는다. 프랑스는 동네 책방, 동네 과일가게가 망하지 않는 나라다. 둘러보고 그냥 나왔다. 그리고 지하철역 부근에 오니 공원이 보였다. 조그마한 공원인데 아름드리 나무가 한 그루 서있고, 새파란 잔디가 보기 좋았다. 그 주변에는 벤치가 주욱 있다. 많은 사람들이 벤치에 앉아 바게뜨 샌드위치(sandwich)를 먹고 있었다. 나도 비어 있는 벤치에 앉으니 하늘은 푸르고, 초록빛 잔디, 나무들… 고요함과 더불어 참 좋은 분위기였다. 프랑스는 이와 같은 작은 공원이 곳곳에 있는 나라다. 아니, 빠리만 그런가.

한참을 앉아 있자니 웬 여성은 잔디위에 벌렁 누워버린다. 개똥은 없을까? 그 후 영사관에서 서류 받고, 은행 카드까지 받아 기분이 좋아 노트르담(Notre-Dame) 부근의 까페 'Shakespeare and Company'로 향했다. 영화 'Before Sun Set'의 주인공들이 만나게 되는 유명한 영어서적 전문점이다. 조금 헤맸지만 사람들이 많이 북적이고 있어서 어렵지 않게 찾을 수 있었다. 역시 사진 찍고, 자리를 잡아 'Café Latte' 한 잔 마시고는 길을 찾아 빵떼옹까지 걸어 왔다.

이제 확실하게 파악했다. 빵떼옹에서 노트르담까지는 멀지 않다. 전부 걸어서 오갈 수 있는 거리에 있다. 오가는 골목마다 아기자기한 가게도 많다. 오늘은 너무 늦어 집사람과 통화하지 못했다.

• • •

10월 7일

　　오늘은 Vanve의 벼룩시장에 갔다. 매주 토요일에 열린다. 날씨는 한결 차가와졌지만, 청량한 기분이고, 하늘도 맑다. 날씨가 좋은 탓인지 사람들이 많이 북적인다. 그런데 한국 사람들이 많이 눈에 띈다. 어떻게 한국인인지 대뜸 아느냐 하면, 입은 옷부터가 화려하고 화장도 많이 하는 편이다. 이곳 프랑스인들은 그렇지 않다. 옷을 잘 차려입은, 정장을 한 여인의 뒷모습이 고와서 굳이 앞에 가서 슬쩍 확인하면 영락없이 할머니들이다. 젊은이들은 일하기 바빠서인지 그저 청바지 등 편하게 입는 것 같다. 또 무리를 지어서 다니며 말도 많다. 전에는 중국인, 일본인도 많이 보였는데, 오늘은 유독 한국 사람들이 많이 보인다. 귀에 익숙한 단어가 마구 들어온다.

　　오늘은 그림이 많이 나온 듯하다. 날씨가 좋아서인지 큰 그림, 작은 그림, 그림들이 상당히 많다. 그림은 잘 모르지만, 명화처럼 보이는 그림도 있고, 졸작도 있는 것 같다. 우리가 처음 왔을 때 건졌던(화병에 꽂힌 꽃을 그린 정물화 등등), 그만한 물건은 이제 더 이상 보이지 않는 듯하다. 그래도 혹시나 싶어 헌책들을 뒤지고, 새파란 색깔의 인형들을 살펴본다. 끝까지 가서, 다시 왼편으로 널어선 가게마저 훑어봐도 신통치 않다. 시계를 보니 벌써 12시를 넘고 있다.

오늘도 Cité 가서 Panini와 커피로 점심을 때울까 싶다. Cité의 레스토랑은 토요일과 일요일은 휴업이다. Cité의 까페에서 푸른 잔디와 한창 올라가고 있는 한국 기숙사를 바라보며 간단한 점심을 먹고 맞은편에 있는 Montsouris 공원으로 갔다. 공원에 들어서니 새파란 잔디밭이 확 펼쳐진다. 아름드리 나무들도 많고, 숲이다.

특히 잔디밭이 일품이다. 사진을 찍어 보냈다. 더러는 그 안에서 운동도 하고, 아예 누워있는 사람도 보인다. 잔디를 밟아 보았다. 감촉도 좋다. 혹시나 개똥을 밟을라. 오래 걷지는 않고 길로 나왔다. 역시 연못도 있다. 그 옆의 벤치에 앉아 하늘을 보니 구름 사이로 파란 하늘이 돋보인다. 햇살이 비치니 더욱 좋다. 잠시 눈을 감고 있어보자. 이제껏 내 인생에서 이렇게 한가로울 때가 있었던가? 이 모든 것이 집사람의 양해와 이해에서 비롯된 것이라 생각하니 미안하고, 고마운 마음 그지없다. 주위에도 모두 한가롭게 책을 읽거나 남녀 같이 앉아 담소를 나누는, 그야말로 평화로운 정경이다. 마음의 평정을 얻고 일찍 돌아왔다. 집주인과 약속이 있다. 이달치 집세 1,294유로를 지불했다.

• • •

10월 8일

일요일은 대청소날로 정했다. 아침에 7시 30분경 눈은 떴지만, 냉냉한 냉기가 싫어 이불속에 있다가 8시경에야 일어났다. 혼자 살아보니 집안일이 여간 많은 것이 아님을 알게 되었다. 그냥 밥해 먹고 바닥 청소기 돌리고 세탁기 돌리는 것만이 전부가 아니다. 첫째, 싱크대 위의 식기 건조대 밑도 한 번씩 청소를 해야 한다. 씻은 그릇을 말리는 곳인데, 물때가 자주 낀다. 특히 이곳 물은 석회가 많아서인지 뿌옇게 낀다. 그리고 화장실도 청소해야 한다. 집에서는 도우미 아주머니 전담이었지만 이젠 내 몫이다. 혼자 사용하는데도 바닥에 먼지가 꽤나 낀다. 또한 변기 안도 약을 붓고 솔로 한 번씩 닦아 씻어야 한다. 세면대 바닥은 틈틈이 닦지만 샤워실 바닥도 물때를 씻어내야 한다. 또 마룻바닥에 물걸레질까지 해야 한다. 한국에서처럼 신발을 벗고 들어오게 바꾸었다.

아침을 챙겨 먹고 설거지까지 마친 후 청소기를 돌렸다. 삼성 제품인데 오래되어 낡은 탓인지 전기선이 자꾸만 당겨들어가 여간 성가시지가 않다. 그리고 화장실 문을 열고, 아직 고무장갑을 마련하지 못해 1회용 비닐장갑을 끼고 소독약을 붓고는 솔을 들고 문질러 때를 벗겼다. 앞에 살던 이들이 청소를 옳게 하지 않았든지 누렇게 변색된 듯한 용기가 꽤 뽀얀색으로 바뀌기 시작했다. 이어서 물걸레질을 하려고 플라스틱 통 안에 든 밀대의 물걸레를 빨았다. 아마도 지난번 사람들이 닦고는 그냥 넣어두었든지 뗏물이 엄청 나온다. 꼭 짜서는 밀대에 끼워 이리저리 닦기 시작했다. 바닥에도 먼지가 많은가 보다. 걸레 색이 조금 변했다. 잊지 말고 다음에 마트(monoprix)가면 고무장갑을 하나 사야겠다.

점심은 떡국을 끓여 먹었다. 냉동실에 방치되어 있던 멸치 다시 물내던 건더기(멸치, 병어, 다시마 등)를 모두 넣고 우렸다. 떡을 넣고 파와 마늘도 듬뿍 넣었다. 김도 가위로 오려 넣고 계란도 넣었다. 약간 싱겁지만 김치랑 같이 먹으니 먹을 만했다.

2시 30분경에 집을 나섰다. 오후 4시에 꽁꼬르드 광장(Place de la Concorde) 옆에 있는 마들렌(la Madeleine) 성당에서 파이프 오르간 연주가 있다. 메트로 8번을 집 앞에서 타면 바로 성당 앞 광장에서 내린다. 아직 시간이 있어서 주위를 둘러보니 일요일이라 그런지 대부분 상점들은 문을 열지 않았는데, 한 가게가 영업을 하고 있었다. 문 앞에서부터 관광객으로 보이는 사람들이 꽤 북적인다. 문을 밀고 들어가 보니 쇼꼴라(chocolat) 전문점이다. "Patrick Poger"라고. 빠리 맛집을 소개한 책에서는 보지 못했던 이름이다. 건데 진열장안에 있는 구슬같이 알록달록한 색깔의 쇼꼴라가 눈에 확 들어온다. 가격을 보니 9개에 24유로다. 다른 것들도 가격이 꽤 세다. 마담에게 colorful한 구슬 같은 이 쇼콜라 2개만 사겠다고 하니 8유로 란다. 1개에 4유로라니⋯ 어이쿠 싶어 1개만 달라고 했다. 그래도 조그마한 box에 넣어주었다. 그 조그마한 박스에도 여닫는 곳에 자석이 붙어 있다. 착하고 기분 좋게 닫힌다. 그리고서는 이것저것 둘러만 보는 내가 딱해 보였는지 그 옆에 있는 정사각형 모양의 조그마한 쇼꼴라 한 조각을 집어서 먹어보란다. 아!!! 정말 맛있다.

사진을 찍어 집사람에게도 보냈다. 구슬 같은 쇼꼴라. 그런데 집에 와서 상자를 열어보니 완전한 둥근 구슬이 아니라 밑에 반은 잘려있는 모양이었다.

4시에 개최된 'Recital D'ORGUE'는 먼저 연주자에 대한 소개가 있었다. 1982년에 연주자 과정을 마치고 여러 가지 화려한 경력이 소개되지만, 자세한 내용은 귀에 들어오지 않았다. 프로그램을 보니 헨델과 바흐 및 WIDOR, LANGLAIS 등 현대 작품도 있다.

아! ― 역시 웅장하고 장엄했다. 귀 뒷전에서 울려 나오는 음향은 실로 감동적이었다. 때로는 조용하게 단음으로만 연주할 때도 있었지만, 역시 파이프 오르간은 화음과 함께 과앙하고 나올 때가 멋있다. 가슴을 흔든다.

헨델과 바흐 곡을 연주한 뒤 잠시 쉬는 시간인데, 사회자가 앞에 나와서는 기부금을 부탁한다고 하였다. 그래. 연주회 포스트에 티켓 가격도 없었고 그냥 들어 와서, 무료입장이라고 생각했는데, 완전한 공짜는 아니라는 것을 알았다. 두 사람이 나와서 조그만 바구니를 들고 다니기 시작하였다. 그냥 알아서 넣으면 되겠지. 얼마를 넣을까 잠시 망설이다가 2유로를 바구니에 넣었다. 사실 음악을 다 듣고 나니 5유로는 넣었어야 했나 하는 생각이 든다. 아무튼 모처럼 귀 호강을 했다. 성당 문이나 입구에 올 한 해 개최될 연주회를 소개하는 포스터가 많이 붙어 있다. 앞으로 자주 와서 즐겨야겠다. 프랑스에는 성당에서 조그마한 각종 연주회를 자주 개최함으로써, 여러 장르의 음악을 쉽게 감상할 수 있는 기회가 많은 것 같다.

• • •

10월 9일

요즈음 자주 돌아가신 아버지 꿈을 꾼다. 새벽녘에도 아버지와 장기를 두는 꿈을 꾸었다. 지금도 생생하게 기억이 난다. 아버지는 包, 馬, 象을 모두 떼고 車와 卒만 가지고 두시면서, 시작하자마자 卒을 한꺼번에 앞으로 쭈욱 내 오셨다. 내가 卒은 한 칸씩 와야 되지 않느냐고 항의하자, 어차피 갈 것 아니냐고 하신다. 꿈에서도 이건 아닌데, 그렇게 되면 내가 방어할 수 있는 기회를 얻지 못하는데⋯ 라고 생각하다가 잠이 깬 듯하다.

오기 전에 산소라도 한 번 다녀왔어야 하는데 마음이 짠하다. 돌이켜 보면 돌아가시기 몇 해 전부터인가 내가 옳게 행동하지 못한 부분들이 주마등처럼 스쳐가며 도드라진다. 윤경이 결혼식 때, 우리 부부와 환희만 사진을 먼저 찍은 것부터, 애들 신혼여행 다녀와서도 옳게 인사 한 번 하지 못한 것 등등. 물론 두 사람 근무지가 동경이라 곧바로 출국해야 했지만, 내색은 하지 않으셨지만 못내 서운하셨을 것이란 생각이 이제야 든다. 여러 가지 마음이 쓰인다. 얼마나 마음이 편치 않으셨을까.

늘 지난 일은 항상 후회되는 것이 많다. 그리고 보면 나도 앞으로 손자 준오나 준서 결혼식에 가서 어떠한 대접(?)을 받게 될까.

아니. 지금 생각해보니 환희와 윤경이는 이 아빠를 어떻게 기억하고 있을까도 궁금해진다. 특히 같이 즐겁게 지냈던 추억이 그다지 많지 않아 더욱 그러하다. 이곳에 와서 시간적으로 많은 여유를 가지고 돌아보게 되니 여러 가지 생각이 교차한다. 애들과 저 자주 Whats App으로 연락을 해야 할 것 같다. 환희는 운동하러 간다며 전화가 왔다. 든든한 아들이다. 사실 윤경이도 일찍이(고등학교 1학년을 마치고) 혈혈단신으로 미국에 갔으니, 혼자서 어린 나이에 어려움이 참 많았을 터인데 무사히 이른바 명문 대학을 졸업하고, 좋은 직장을 얻었으며 더구나 착하고 능력 있는 좋은 배우자(이진호)까지 만났으니, 그저 고마울 뿐이다. 내가 아버지에게 해 드린 것을 생각하면, 윤경이랑 환희는 훨씬 착하고 철든 것 같다. 다만 환희는 이제 좋은 사람만 만나면 될 텐데⋯ 분명 좋은 인연이 있을 것이라 확신

한다.

오후에는 Cergy-Pontoise 대학에 갔다. 연구실이 배정되었다고 연락이 왔었다. 행정실 직원이 안내한 연구실은 큼직한 독방이라 환경이 좋았다. 책상도 크고, 기분이 좋다. 다음주경 서류가 준비되고 출입 card가 발급되면 마음대로 이용할 수 있다고 한다.

아들도 좋은 배필(오세진)을 만나 2019년 6월 결혼하고, 지난 5월 손자(윤상)가 출생했습니다.

···

10월 11일

오늘도 꽤나 힘든 하루였다. 아니 오전까지는 그런대로 좋았다. 준비하고 있는 논문도 진도 좀 나가고, 12시경 집을 나서 마들렌 성당에 내려 'FAUCHON'으로 갔다. 붉은 벽과 카페트를 깔아 놓은 분위기 있는 레스토랑이다. 길을 옆으로 보고 성당을 바라볼 수 있는 전망 좋은 자리를 안내받았다. 가격이 비교적 낮은 샐러드인 'Ceaser Fauchon Salade'를 주문했다. 음료수도 100% orange 주스 1잔 추가. 18유로 하는 샐러드는 정말 고급스러웠다. 닭고기 살도 어찌 그리 깔끔하고 부드러운지… 야채도 너무 싱싱하다. 사진을 찍어 보내며, 딱 당신이 좋아할 음식이라고 부언하여 보냈다. 한 그릇을 비우니 배가 부르다. 마지막에는 바게트를 찢어 소스 한 방울까지 싸악 닦아 먹었다. 그리고 난 뒤 부터가 문제의 시작이라고 할까 ─

Dessert 종류를 한 10가지 들고 와서 선택하라는 것이다. 그래

이번엔 제대로 먹어보자 싶어 비교적 덜 달 것 같은 밀푀유 (Mille-Feuille)를 주문했다. 대부분 쇼콜라가 들어간 것이었다. 그리고 에스프레소 1잔도…

그런데 이 밀푀유 썰기가 어려웠다. 칼을 대자 모양이 찌그러지면서 그 안의 크림이 삐져나오고, 영 모양새가 말이 아니다. 그럭저럭 먹기는 다 먹었다. 그런데 옆에 앉은 할머니도 밀푀유를 주문하는 것이 아닌가. 어떻게 먹나 보기로 했다. 아!!! 역시 달랐다. 할머니는 내가 보고 있다는 사실을 의식했던지 보란 듯이 밀푀유를 옆으로 자빠뜨리는 것이 아닌가. 그리고 나이프로 자르니까 아주 세련되게 전혀 크림이 삐져나오지 않고 예쁘게 잘린다. 그래. 하나 배웠다.

그 후 Rer을 타고 Cergy-Pontoise대학에 갔다. Herrera 교수는 강의 중이었다. 그래도 잠시 나와 2장의 서류를 작성해 달라고 했다. 3층의 행정실 직원의 안내로 교수 휴게실에서 서류를 작성했다. 잠시 후 강의를 마친 Herrera 교수와 같이 국제처에 가서 담당 직원에게 서류를 제출하자고 옆의 건물로 갔다. 담당직원인 마담은 인상도 좋고 친절하였다. 서류를 받으며 완벽하단다. 그리고 다시 법대 3층에 와서 행정실 직원에게 연구실 키를 달라고 하니 1개뿐이어서 복사를 해야 하고, 서류가 완성되어 출입증인 카드가 나오면 가능하다고 한다. Herrera 교수 보고 절대 바쁘지 않다고 설명하고 연락달라고 하고는 헤어졌다. Herrera 교수는 무엇이든지 어려움이 있으면 전화 달라고 한다. 아니 ― 무엇보다 외로움이 제일 큰 어려움인데… 말로만…

학교를 나서서 역으로 갔다. 여기서부터 꼬이기 시작한 거다.

역에서 Navigo(한 달 치 지하철 버스 겸용 카드)를 터치한 후 홈으로 들어서는데, 안내판에 Paris행 기차가 10분 뒤에 들어온다는 문구를 읽었다. Paris 방향에 서서 기다리는데 이윽고 기차 한 대가 들어온다. 안내판에는 'Paris St. – Lazare'라고 기재되어 있었다. 종점이 '생 라자르 역'이니까 당연히 빠리에 가겠지 하고는 냴름 탔다. 타고 보니 의자 색깔이 알록달록하니 예쁘고, 통상 타고 다니던 Rer과는 분위기가 사뭇 달랐다. 차도 2층이 아닌 단층이고, 사람도 별로 없다. 좌석의 색상이 예뻐서 사진 찍어 보내니, 역시 프랑스답다는 답이 왔다. 정거장을 하나둘 지나면서 햇살은 퍼지고 멀리 숲이 무척 좋아 보였다.

그런데 이게 어찌 된 일인가? 기차가 늘 가던 'La Defence'쪽으로 가지 않는 거다. 아니 이럴 수가…

저 멀리 라데팡스의 개선문이 보이는데, 차는 다른 방향으로 가고 있고, 정차하는 역도 생판 모르는 이름이고, Rer 지도에도 없다. 순간 당황했다. 무언가 잘못된 것이다. 찬찬히 살펴보니, 아!!! 내가 탄 기차는 Rer이 아니라 SNCF 프랑스 국영철도였던 것이다. 순간 내가 무임승차한 것은 아닌가 하는 생각이 들었다. 이를 어쩌지. 주위를 두리번거리니 다행히 검문하는 분위기는 아니다. 결국 생 라자르 역에 내렸는데, 역은 정말 컸다. 또 사람은 얼마나 많던지… 덕분에 생 라자르 역까지 오게 된 것이다. 정신을 차리고 겨우 9번 metro를 타고, 'Pont d'Alma'에 와서 42번 버스 타고 집에 오니 평소에 1시간이면 족한 것을 2시간이나 걸렸다. 힘든 하루였다.

새똥 세례받은 날

2017년 10월 12일입니다.

오후에 날씨가 맑아지고 하늘이 푸르러지기에 Paris의 숨어 있는 매력적인 산책길 제1코스를 다시 답사하기로 하여 집을 나섰습니다.

Place Balard에서 출발하여 Parc Andre Citreon을 지나 Pont Mirabeau를 거쳐 Pont Grenelle에서 Seine 강 한가운데를 가로지르는 L´ile des Cygnes까지는 참 좋았습니다.

햇볕을 뒤로 하고, 바람에 우수수 떨어지는 낙엽도 보고, 비록 색깔이 곱지는 않지만 그래도 나름 단풍이라고 물드는 나무들도 바라보면서, 벤치에 앉아 상념에 젖어도 보고, 혼자서 오만 궁상을 떨며 Pont de Bir-Hakeim까지 왔습니다.

문제는 바로 그 다리 앞에서 벌어졌습니다. Pont de Bir-Hakeim 위로 지나가는 지하철의 모습을 사진에 담으려고 폰을 꺼내 찍는 순간, 무언가 우두둑 머리 위로 쏟아지는 소리가 들렸습니다. 그와 동시에 코를 자극하는 알싸한 묘한 냄새… 아!!!!

지나가는 까마귀(?)가 제 머리 위에 한바탕 일을 벌인 것입니다. 그나마 다행이라고나 할까요. 머리 뒷부분을 스치면서 웃도리 뒷면을 완전히 덮어버린 것입니다.

마침 그 옆을 지나가든 여성 여행객(스페인어 밖에 못하더라구요) 두 분이 물티슈를 꺼내더니 제 웃도리의 뒷면을 막 닦아 주는 것입니다. 그 분도 팔 쪽이 약간 젖었더라구요.

아!!! 이걸 어찌하리까?

제 손가방 속에는 물휴지는커녕 휴지 한 장 없었습니다. 그 두 여성분이 부지런히 닦더니만 아예 제게 웃도리를 벗어라고 하더라구요. 순간 저는 당황했지요. 이 사람들 뭐지?

하지만 별수 없이 약간은 불안한 마음으로 손가방을 앞에 껴안으며 웃도리를 벗었더니, 아!!! 세상에 온통 연두색 액체가 범벅이 되었습디다.

물휴지 한 통을 다 써가며 겨우 흔적은 지웠지만, 역겨운 냄새는 여전히 남았습니다. 그 두 여성분은 물티슈 1통을 다 쓴 다음에야, 웃으며 그냥 가더라구요. 잠시나마 그들을 의심했던 제가 미웠습니다.

의사소통은 되지 않았지만 모르는 사람의 불상사를 보고 그냥 지나치지 못하고 나름대로 최선을 다해서 도와주는 그 마음씨가 너무나 고마웠습니다.

웃도리를 벗고, 머플러에도 묻었는지 냄새가 나기에 다 벗어 팔에 들고 Trocadero까지 갔습니다. 온몸에서 약품 냄새 같은 묘한 냄새가 나는 듯 했습니다. 그리고는 바로 주위에 있는 큰 Café에 들어가 곧바로 화장실로 직행, 손도 씻고 웃도리도 다시 물로 닦아 내어 일단 흔적은 지웠습니다만, 여전히 약품 같은 묘한 냄새는 지울 수가 없습디다.

아!!! 이런 악몽이 있을까요?

Paris에 입성한 신고식 치고는 너무나도 혹독하고 가혹한 신고식이 아닌가 싶습니다. 한국에서는 세워둔 자동차 위에 가끔 흔적이 있던 것은 겪었지만 직접 이렇게 머리부터(일부이지만요) 덮어쓰기는 태어나서 난생 처음입니다.

앞으로 절대로 큰 나무 근처에는 가지 않을 생각입니다. 여러 분들께서도 이런 황당한 일을 겪으신 분이 계신가요? 아니면 주위에서 들으신 적은 있는지요? 아니면 제가 유일한 예가 되는지요?

아무튼 오늘은 정말 잊을 수 없는 날, 아니 빨리 잊고 싶은 날이 되고 말았습니다. 머플러는 드라이를 맡겼습니다. 7.30 유로라네요. 웃도리는 바로 세탁기를 돌렸습니다.

이제 오늘 하루가 지납니다만, 내일은 그래도 즐거운 일만 있으면 좋겠습니다.

그런데 그날 새벽 불길한 전화벨 소리가…

공항에서 몰래 눈물 훔치는 남자

샤를르 드골 국제공항 게이트 L34번
보딩을 기다리며 한 켠에 앉아 몰래 눈물을 훔치는
초로의 남자를 본 적이 있습니까?

숱한 만남과 이별이 교차하는 공항이지만
먼 이국땅에서 어머니의 마지막 모습을 보지 못한
회한, 애통, 비통함에
자꾸만 흐르는 눈물을 주체할 수 없어
숨죽여 흐느끼는 남자를 본 적이 있습니까?

센강 백조의 섬에서
느닷없이 새똥 공격을 받고도
그게 어머니의 안위를 걱정하는 심각한
전언임을 알지도 못하고
무모하게 저 위의 그분을 원망한
무지함과 아둔함 미련함에
더 서러움이 북받쳐
12시간 비행 내내 눈물로 범벅이 된
남자를 본 적이 있습니까?

이제 겨우 일상으로 돌아왔습니다.

11월 6일 도착하면 다시 Paris 생활이 시작되겠지요.

이제 한국에 전화할 번호가 2개나 줄었다는 사실 외엔

별다른 차이 없이

그렇게 또 저는 살아갈 것입니다.

열심히 살겠습니다.

지금도 귀에 쟁쟁합니다. 빠리 생활에 이제 막 적응될 무렵인 2017년 10월 13일 새벽녘, 전화벨 소리도 불길했지만, 다급하게 절규하듯 외치던 환희의 목소리가 귀에 쟁쟁합니다.

"아빠! 할머니 돌아가셨대요!" …… 순간 그 황당함은 이루 말할 수 없었습니다. 평소에 심장이 좋지 않으셨던 어머니는 주무시면서 심근경색으로 홀연히 가셨습니다. 제가 새똥 세례를 받던 그 무렵이었습니다.

참으로 황당한 일

오후에 CERGY-PONTOISE 대학에 갈 일이 있어 Opera역에 내려 점심을 먹고 가고자 따뜻한 국물이 있는 일식집 'SANUKIYA'를 찾았습니다.

제가 세 들어 살고 있는 15구의 집에서 Opera 역까지 Metro 8호선을 타고 와서, 그 옆에 붙어 있는 Auber역으로 가면 CERGY-PONTOISE로 가는 RER A선을 탈 수 있습니다. 지하철을 내려서 약 5분 이상 걸어가야지 되는 거리입니다.

'SANUKIYA' 이 집은 진짜 일본 사람이 경영하는, 우동이 맛있는 집입니다. 사실 Paris에 있는 대부분의 일식집은 중국 사람이 경영한다고 합니다. 실제로 들어가 보면 메뉴판은 일본 글인데, 서빙하거나 주방에서 일하는 사람들은 모두 중국 사람이고, 분위기도 중국집 분위기(약간 지저분한?)입니다.

대표적인 집이 'ひくま'라고 하는 일본 식당입니다. 소문에는 이 집의 김치 라면이 맛있다고 하는데, 먹어 보니 일본 우동이 아니라 중국식, 한국식, 일본식이 뒤섞인 묘한 맛입디다.

오전에는 은행에 가서, 며칠 전 depassement(카드 사용액 한도 초과) 되었다고 카드 사용이 차단되었던 것도 풀고(다음 달에 집사람과 딸 가족이 온다고 남쪽으로 여행가고자 TGV예약, 님프의 호텔 예약 등으로 지출이 많았거든요), 1주일에 찾을 수 있는 금액도 올리고, 아주 기분 좋은 날로 출발은 했습니다.

은행에 넣어둔 내 돈이지만, ATM 기계에서 하루에 300 유로, 1

주일에 500 유로 이상을 찾을 수 없답니다. 은행에 가서 청구서에 기재해서 창구로 찾는 방법은 아예 없습니다. 오직 ATM 기계로만 현찰을 찾을 수 있습니다. 저는 다시 은행직원과 상담해서 1주일에 1,000유로, 하루에 찾을 수 있는 금액은 400유로로 올렸답니다.

그런데 SANUKIYA 에서 혼자서 혼밥을 먹고부터 꼬이기 시작한 듯 합니다. 줄을 서서 한참을 기다리다가 받은 좌석도, 혼자라고 제일 끝 구석 자리였습니다. 그래도 등에 맨 백팩을 바닥에 두고, 호기 있게 우엉 밥이랑 단무지 2조각, 정말 조그마한 치킨 4조각과 우동 한 그릇을 단숨에 비웠습니다.

그리고 나와서는 다시 Opera방향으로 갔지요. Auber에서 RER A선을 타야 되기 때문입니다. 점심을 먹는 데 너무나 오래 기다렸기 때문에 지친 탓도 있는지, 아무 생각 없이 앞만 보고 걸은 듯합니다. Opera 앞에서 지하로 들어가면 한참을 걷게 되어 있습니다.

그렇게 해서 RER A를 타려고 개찰구로 나가려는데, 누군가 젊은 남자가 옆에서 저를 부르는 것입니다. 돌아보니 그 남자 왈, 등에 맨 제 가방이 열려있다는 겁니다. '아니 뭐라고?' 힐끗 뒤돌아보니 정말 등에 메고 있던 백팩의 지퍼가 활짝 열려 있는 것입니다.

'야! 이거 어떡하지?' 등에서 가방을 내려 보기까지 그 한순간이 얼마나 긴 시간인지, 가슴이 철렁 내려앉는 심정, 아! 정말 두 번 다시 돌아보기 싫은 순간이었었습니다. 가방 안에는 많은 자료가 내장된 제 보물 노트북이랑, 집 열쇠, 동전 지갑, 책 2권 등이 있었습니다. 다행히 지갑과 나비고(한 달 치 지하철과 RER 승차권)는 제가 윗도리 안주머니에 두었고, 평소에는 윗도리 주머니가 얕아 폰도 가방에 넣어 다녔지만, 오늘은 왠지 전화가 올 것 같아 윗도리 우측 주머니에 두고 있었습니다.

　가방 무게는 그대로 무거웠지만, 가방을 내리는 순간은 실로 지옥이었습니다. 순간 다리가 휘청하는 것 같았습니다. 후다닥 가방을 내려 떨리는 심정으로 살펴보니 다행히 없어진 것은 없더라구요. 노트북은 찍찍이로 묶어 놓았고, 다른 것들은 깊이 내려 앉아 있어서 어떻게 하지 못했던 것 같습니다. 안도의 숨을 내쉬면서도 잠시 그냥 서 있었습니다.

　PARIS가 참 무서운 곳이라는 것을 실감하는 순간이었습니다. 특히 OPERA 주변에서는 조심을 해야 할 것 같습니다. 그 뒤로 RER 탈 때나 내릴 때도 가방을 앞으로 해서 꼭 안고 다녔습니다. 아마도 지퍼를 위로 모아 둔 것이 화근이었던 듯합니다. 사실 상대방에게 허점을 보이지 말아야 하는데, 잠시 제가 방심한 듯합니다. 점심 먹고자 너무 오래 줄을 서 있어서 잠시 피로감이 왔던지도 모릅니다. 사실 평소에는 제 나름대로 상당히 조심을 하는 편인데 오늘은 완전히 당한 날입니다.

　어떠한 경우라도 방심은 금물임을 실감한 날입니다. 어쩌면 혼자서 점심 먹고 외롭게 걸어가는 저의 뒷모습에서 허점이 많아 보였던 것 같습니다.

　그래도 PARIS는 좋습니다.

2017. 11. 24.

Paris Episode

1. 출생지가 중요한 나라

'ACTE DE NAISSANCE' '출생증명서'라고 번역됩니다. 단지 3개월 미만의 며칠 간 또는 몇 주 간의 여행 목적으로 프랑스를 방문한다면 별 문제가 없지만, 적어도 그 이상 머무르기를 원한다면 장기비자를 받아야만 합니다. 그 과정에서 비자신청을 할 때 작성하는 서류에서부터 출생지를 기재하도록 요구하고 있습니다. 조금 더 자세히 설명을 하자면, 장기비자를 발급받고 프랑스에 도착한 후 적어도 3개월 이내에 거주지의 해당 OFII(OFFICE FRANÇAIS DE L'IMMIGRATION ET DE LA L'INTÉGRATION. 프랑스 이민 통합국) 지역 사무소로 등기 우편을 이용하여 발송하여야 하는 서류 중 하나에 보면, 출생 연월일 및 출생지와 국적을 기재하는 난이 별도로 마련되어 있다는 것입니다.

그뿐만이 아닙니다. 프랑스에서 생활하기 위해서는 반드시 은행에 가서 계좌를 개설하여야 하는데, 그 과정에서도 관련 서류에 출생지를 기재하도록 되어 있습니다. 계좌를 개설하기 위하여 담당 직원에게 대부분은 구두로 답변하면 그대로 기재하여 넘어가지만, 은행에 따라서는 구두 답변에 만족하지 않고 출생지를 증명하는 공적인 서류를 요구하는 경우가 왕왕 있어서 별다른 준비 없이 온 경우는 당혹스럽고 낭패를 볼 수도 있습니다.

물론 Paris 시내에 있는 한국영사관에 가서 서류를 신청하여 발급받으면 되지만, 그 과정도 만만치 않습니다. 먼저 기본증명서와 가족관계증명서를 신청하여 발급받은 후, 한국어로 된 그 서류를 본인이 직접 영사관 컴퓨터에 내장되어 있는 'ACTE DE NAISSANCE'라는 서류에 프랑스어로 작성한 후, 다시 공증을 받아야 합니다. 필자의 경험으로는 영사관에서 가족관계증명서를 신청하면 약 1주일 후에 발급이 되고, 다시 공증을 받으려면 하루 정도가 더 소요되었습니다.

저는 집 앞에 있는 몇 개의 은행 중, 'SOCIETE GENERALE'이라는 은행에서 계좌를 신청하였는데 출생증명서 때문에 곤욕을 치른, 별로 유쾌하지 않은 추억이 있습니다. 계좌 개설을 담당하는 직원과 만나 일정한 면담을 거친 후 계좌 개설을 할 수 있다고 확정되면, 일단 관련 서류를 작성하게 됩니다. 그 서류는 본인이 직접 서류에 기재하는 것이 아니라 담당 직원이 컴퓨터에 관련 내용을 띄워서 화면상에 기입해 가는 절차를 거치게 됩니다. 그 과정에 출생지가 문제되었던 것입니다. 담당 직원은 먼저 제가 보여주었던 제 여권을 보면서 컴퓨터 화면에 올린 서류 양식에 따라 NON, LEE. PRES NOM, SANGWOOK이라고 혼자 중얼거리며 하나하나 입력하더니만, 갑자기 여권을 이리 저리 살피기 시작했습니다. 그리고는 책상 위에 놓인 다른 서류들(영남대학교 재직증명서, 급여명세서, 프랑스 대학에서 보내온 초청장 등)도 이리저리 보더니만, 무엇인가 발견하지 못한지 내게 물어왔습니다. 그 질문인즉, 출생지가 어디냐는 것입니다. 출생지? 갑자기 웬 출생지냐고 생각하며 별로 신경 쓰지 않고 '상주'라고 답하고서, 제 딴에는 친절하게 'SANGJU'라고 펜으로 적어 주었습니다.

그러자 이 친구 그대로 컴퓨터에 입력한 후 다시 질문이 이어 졌습니다. 그럼 어디에 그 사실이 기재가 되어 있느냐는 것입니다. 다시 말해서 출생지가 '상주'라는 사실을 밝힐 수 있는 관련 서류를 보자는 것입니다. 아니 내가 '상주'라고 하면 된 것이지 그 이상 무 엇 때문에 출생지를 증명하는 서류가 필요하단 말이지? 내가 준비된 것이 없다고 하자, 집에도 없느냐고 물었습니다. 나도 순간 당혹스 러워 특별한 서류는 없다고 했습니다. 그러자 담당 직원의 얼굴이 일그러지기 시작했습니다. 한동안 우리 둘 사이에는 침묵이 흘렀습 니다. 내게는 꽤나 긴 시간으로 여겨진 침묵이었습니다. 그러더니 이 친구 어디론가 전화를 합디다. 아마도 직급이 높은 상관쯤 되는 지 모르겠는데, 대화 내용인즉, 여기 한국 사람이 와서 은행 계좌를 열려고 하면서 출생지 증명서가 없다고 하는데, 어떻게 하면 되겠냐 는 것으로 대충 이해되었습니다. 한참을 얘기하더니만 전화만으로 는 부족한지, 아예 나보고 잠시 기다리라고 하면서 관련 서류를 들 고 전화한 사람의 사무실로 찾아가는 것 같았습니다. 방문은 열려 있었지만 주고받는 대화의 자세한 내용은 알 수 없었고, 두세 명의 목소리가 와글와글 거리며 들려왔습니다. 그동안 이 친구들 참으로 한심하다는 생각도 들고, 출생지가 그리 중요하다면 왜 나는 그 사 실을 몰랐을까 하는 자책감 등등 만감이 교차했습니다.

이윽고 몇 분이 지난 뒤 서류를 들고 다시 방으로 들어온 담당 직원은 난감한 표정을 지으면서 출생지 증명서가 없다면 은행 계좌 를 신청할 수 없다고 하였습니다. 나 역시 참으로 당혹스러웠지요. 아니 출생지가 무엇 그리 중요하다고 그 때문에 은행 계좌를 신청 할 수 없다는 말입니까? 한국에서는 출생지가 그다지 중요하지 않기 때문에 그런 서류는 준비한 것이 없다고 나름 설명을 하자, 그 직원은 'Désole!(미안하다)'라고 하면서, 계좌 신청은 불가능하다고 선언하듯이 잘라 말하고는 책상 위에 놓인 관련 서류를 챙겨 내게 가지고 가라는 포즈를 취하는 것이었습니다.

아니 이럴 수가. 출생지가 어떤 의미에서 왜 이다지 중요한가? 담당 직원이 참 한심스럽다는 생각도 들고, 순간 프랑스 오기 전에 그 정보를 숙지하지 못한 내 자신에게 화도 났습니다. 그렇지만 어쨌든 여기는 한국이 아니니까, 내가 아무리 우겨도 되지 않을 것 같아 일단 여기서 요구하는 서류를 마련해야 되겠다고 마음먹으면서, 가만히 생각해보았습니다. 그랬더니 문득 OFII 지역사무소(체류증을 발급받는 곳입니다)로 등기우편을 보낼 때 복사해둔 서류가 생각났습니다. Paris에 도착하고 3일 후 우체국에서 등기로 부치기 전에 혹시나 싶어 20centiem를 주고 복사해 두었는데, 그게 이렇게 긴요하게 쓰일 줄이야 알았겠습니까? 그래 그 서류에는 출생지가 기재되어 있었고, 프랑스 관할 PRÉFECTURE(경찰국)의 직인도 찍혀있었으니까 그것이라도 가져와보자고 마음먹고 일단 집에 관련 서류가 있으니 지금 가서 가져오겠다고 하자 그 직원도 안도하는 표정으로 지금 당장 가져오라고 했습니다. 집으로 달려와서 복사해 놓은 그 서류를 찾아보니 역시 출생지가 정확하게 기재되어 있었습니다. 아! 역시 모든 것은 철저한 준비가 필요하다. 어떻게 이런 사태가 발생할 것으로 알고 미리 복사를 해 두었는지, 순간 내 자신이 참으로 기특하게 여겨졌습니다. 한걸음에 달려가 그 서류를 보여주니 그제야 만족한 표정을 지으면서 그 서류를 복사한 뒤 비로소 절차가 계속 진행되어 무사히 계좌를 설정하는 계약을 모두 마칠 수 있었습니다. 1주일쯤 후에 집으로 카드 발급 관련 서류가 올 터이니 그 때 은행으로 오면 카드를 받을 수 있다고 했습니다.

사실 프랑스에서 외국인이 은행 계좌를 터는 것이 그다지 쉬운 일은 아닙니다. 특히 체재 기간이 1년에 불과하다면 더욱 어렵다는 것입니다. 소문에 의하면 어느 주재원은 13군데나 은행을 다녔지만 프랑스에 1년만 체재하는 것만으로는 은행 계좌를 설정할 수 없다는 답변을 받았다고 하는 등 무성한 얘기들이 오가는 현실입니다. 그렇지만 필자는 나름 한바탕 소동은 있었지만 그래도 무난하게 은행 계좌를 설정했다고 기분이 좋아 주위에 자랑도 했습니다.

그런데 문제는 그 다음 날 발생했습니다. 그 다음 날 오후에 집으로 전화가 한 통 온 것입니다. 바로 그 은행 직원이었습니다. 내용인 즉, 출생증명서 곧, 'ACTE DE NAISSANCE'를 제출해달라는 것입니다. 아니 뭐 이런 것이 있나 싶었습니다. 이미 계약은 체결된 것이고, 관련 서류도 받아왔는데, 이제 와서 무슨 얘기냐, 내게는 그런 서류 없다고 답을 했더니, 내일 오후에 은행으로 나오랍니다. 만나서 얘기하자는 것입니다. 아니 이 무슨 뚱딴지 같은 소리입니까?

결국 결론적으로 얘기하자면 내가 질 수밖에 없는 사안이었습니다. 당장 은행 계좌 설정 계약을 해제하고 다른 은행으로 달려가고 싶은 마음도 굴뚝같이 일었지만, 다시 다른 은행에 가서 똑같은 절차를 밟기도 귀찮았습니다. 따라서 앞에서 언급했듯이 결국 한국 영사관에 가서 'ACTE DE NAISSANCE'를 발급받아 그 직원에게 제출하고서야 비로소 Carte Visa(일명 Carte Bleue라고 함)를 받을 수 있었던 것입니다.

프랑스는 왜 이렇게 출생지를 중시여길까요? 오히려 우리나라의 경우는 지역감정을 드러내지 않기 위해서라도 '본적지' 난은 아예 모든 공적 문서에서 사라진지 오래된 판국인데 말입니다.

프랑스의 역사에 대한 깊은 지식은 없지만, 프랑스는 한때 전 세계의 많은 국가를 식민지로 거느리고 있었습니다. 당시 프랑스의 식민지였던 나라를 대충 짚어보면, 아시아 지역에는 캄보디아와 라오스, 베트남이 있었고, 중동 지역에는 레바논과 시리아가 식민지였으며, 특히 아프리카 지역은 무척 많았습니다. 이를테면 알제리, 모로코, 튀니지, 말리, 모리타니, 니제르, 차드, 지부티, 콩고공화국, 코트뒤부아르, 베냉, 세네갈, 토고, 카메룬, 가봉, 부르키나파소, 기니, 마다가스카르, 중앙아프리카공화국, 코모로 등이 프랑스의 지배를 받은 나라들이었습니다. 때문에 아직도 이들 국가에서는 대부분 프랑스어를 공식 언어로 사용하고 있는 것으로 알고 있습니다. 그 밖에도 아이티라든가 오세아니아 지역의 바누아투도 식민지였다고 합니다.

이렇다보니 국적은 프랑스라고 하더라도 어디에서 출생한 것인지, 그 출생 지역이 상당한 의미를 가지지 않을 수 없을 것으로 짐작은 됩니다. 그렇지만 프랑스는 자유(Liberté)와 평등(Égalité) 및 우애(Fraternité)를 근본적인 가치로 설정하고, 이를 쟁취하기 위하여 피까지 흘려가며 이루어진 나라가 아닙니까? 프랑스 혁명 후 선포된 「인간과 시민의 권리 선언」 제6조는, 「모든 시민은 평등하므로, 자신의 품성이나 능력에 의한 차별 이외에는 어떠한 차별도 없이 모든 명예를 평등하게 누릴 뿐만 아니라 공적인 지위와 직무를 동등하게 맡을 자격이 있다」고 밝히고 있습니다. 뿐만 아니라 프랑스 헌법 제1조는 「프랑스는 출신(l'orgine), 인종 또는 종교에 관계없이 모든 시민의 법적 평등을 보장한다」고 규정하고 있지 않습니까?

그런데 이제 와서 출생지를 따진다는 것은 무슨 의미일까요? 아직도 출생지에 따른 무언의 차별이 존재한다는 의미인가요?

아래 내용은 제가 본 프랑스 문화로서 앞으로 자세하게 정리할 계획입니다.

2. 내 돈도 은행에 마음대로 입금하거나 찾을 수 없는 나라
   (은행 출입이 자유롭지 않은 나라. 특히 외국인에게는 계좌 개설이 쉽지 않은 나라)

3. 고액권(100 유로, 200 유로)을 사용하기 어려운 나라

4. 성당이나 교회 등 어디에서든 연주회를 쉽게 접할 수 있는 나라

5. Chocolate으로 무엇이든지 만드는 나라

6. 입고 다니는 옷만으로는 계절을 알 수 없는 나라

7. 행정절차의 진행이 매우 더딘 나라

8. 동네 서점과 과일(야채)가게가 망하지 않는 나라

9. 동양인에게도 길을 묻는 나라

10. 왕궁을 집무실로 사용하는 나라

11. 커피 원두를 따지지 않는 나라

12. 빵은 걸어가면서 먹어도 커피는 앉아서 마시는 나라

13. 곳곳에 공원과 숲이 있는 나라

14. 거동이 불편한 할머니나 유모차도 쉽게 버스를 탈 수 있는 나라

15. Café에서 먹고 마시는 모든 것이 해결되는 나라

16. 꿈, 기술, 자본력으로 놀랄만한 건축물을 계속 만들어 가는 나라

17. 1전 짜리 동전도 소중하게 쓰이는 나라

19. 입구(Entrée)와 출구(Sortie)를 명확히 구분하는 나라

20. Pardon! Pardon!이 입에 붙은 나라

21. 씻기보다 향수를 더 선호하는 나라

22. Café나 Restaurant의 식탁이 너무나 작은 나라

23. 획일적인 것보다 다양성을 선호하는 나라

24. 모든 점에서 과잉 없이 꼭 필요한 것만 챙기는 나라

25. 쓰레기 분리수거가 철저하지 않은 나라

제3부

교수 40년

대학의 교육과 시험제도

철학자 야스퍼스는 대학을 가리켜 「대학은 국가안의 국가다. 대학이 진리에 대해 순수하게 탐구한 결과는 국가사회에 이익이 된다. 순수한 탐구의 결과를 두려워하는 정부는 바람직하지 않은 정부다」라고 한 바 있다. 대학은 최고의 학문기관으로서, 이곳에서 오늘의 세계구조를 거시적으로 통찰하는 안목을 가르치고 인간 존엄에 입각한 진정한 가치관을 배양하며 전인적 교육에 의해 여유 있는 인격자들을 배출하여야 하는 것이다.

한때 신학이 학문지식의 중심에 위치했던 중세에는 일체의 지식은 한 개의 생명체와도 흡사하게 총합적 지식 체계 내에 유기적으로 통합되지 않을 수 없었고, 그 체계의 기저에는 신학이 위치하고 있었다. 토마스의 신학대전(summa theologica)은 오히려 제학(諸學)대전(summa scientia)이라고 할 만하다.

그러나 근대에 들어서면서 정세는 급변하여 유럽의 대학은 세속정신에 의하여 석권되었으며 신학이 철학으로 대치되고, 이어서 자연과학과 기술의 분야를 중심으로 지식이 비약적으로 증대됨으로써 대학의 세속화 현상이 일보 진전하게 된 것이다. 그러나 이러한 일련의 사태로 말미암아 학문과 윤리적 가치를 무연(無緣)한 것으로 파악할 수는 없다.

교육의 본무는 학생의 생활에 간섭하지 않고 지식만 교수하면 되는 것은 결코 아닌 것이다. 물론 대학 교육의 첫째 임무는 무지로부터의 해방이다. 둘째로 판단력의 함양을 들 수 있다. 판단력에는 선 악에 대한 평가 능력이 포함되는 것으로 이는 가치의 의식과 분리될 수 없는 문제이다. 셋째로 자신이 속해 있는 문화·전통 등의 제반 조건에 올바르게 대처할 수 있는 능력의 함양을 들 수 있다.

이렇게 볼 때 대학에서의 시험의 중요성을 간과할 수 없다. 일반적으로 필답시험을 주관식과 객관식의 두 방식으로 구분할 때 학문 분야의 성격에 따라서는 성적에 대한 객관적 평가방식이 비교적 용이하게 세분화되어 적용될 수 있는 경우가 있겠으나, 대부분의 학문 분야에서는 그것이 어렵다.

특히 대학 교육의 본무를 상기할 때 더욱 그러하다. 때문에 객관식 시험 방식이 대학의 강의실에까지 그 위력을 발휘하는 사태를 두려워하지 않을 수 없다.

학생들은 대학에 입학하기까지의 모든 수험 준비가 객관식 시험을 전제한 노력이었으므로 대학 입학 후 그 체질이 바뀔 때까지 상당 기간 한차례의 홍역을 치르지 않을 수 없을 것이다. 지난 84학년도 2학기에 학사경고를 받은 학생 중 과반수를 넘는 학생이 1학년이었다는 사실을 신입생들은 유념해 두어야 할 것이다.

이러한 점을 감안할 때, 여러 가지 어려움을 내포하고 있으나 뒤늦게나마 대학 입시에 논술고사를 채택한 것은 바람직한 일이라고 하지 않을 수 없다.

그러나 대학의 「면학분위기」와 「성적에 관한 관심」을 동의어로 파악할 수는 없다. 물론 어렵게 입학한 대학에 많은 등록금을 내며 다니고도 졸업장을 받지 못하고 탈락할 수 있다는 불안감이 학생뿐만 아니라 교수까지도 성적 집착증에 걸리도록 하기에 충분하다.

이는 학생이나 교수로 하여금 진리보다는 점수에, 학문의 내용보다는 형식에 더욱 얽매이게 함으로써 대학의 본무를 일탈하게 될 위험을 안고 있다는 점을 지적하지 않을 수 없다. 따라서 시험의 의미를 강의 시간에 노트한 내용을 고스란히 답안지를 통하여 다시금 반납하는 절차 정도로 새겨서는 안될 것이다. 자신의 학문 지식으로 융화시키는 기회로 삼아야 한다. 그러기에 선인들은 시험에 임하는 자세로서 먼저 마음을 비우는 허심(虛心)을 강조하고, 정신을 한 곳으로 집중시키는 집심(集心), 문제점을 연상해가는 연심(聯心)을 강조하였던 것이다.

효대학보 1985. 4. 5.

효성인에게

　다음과 같은 짤막한 이야기로서 실마리를 풀어볼까 한다.

　공직에서 정년퇴임한 어느 노인네가 갑작스레 바뀐 생활의 적적함과 무료함을 달래기 위하여 원숭이를 한 마리 사서 키우기로 하였다. 상당히 영리한 원숭이를 살 수 있어서 같이 산책도 다니게 되었고, 원숭이가 재치 있게 노는 모습을 보노라면 시간 가는 줄도 모를 정도로 되어 은퇴함으로 인하여 위축된 자신의 생활에 어느 정도 윤기마저 도는 듯하였다.

　그런데 이 원숭이에게는 아주 고약한 버릇이 한 가지 있음을 알게 되었다. 무엇인고 하니 아무곳에서나 소·대변을 마구 보는 것이었다. 그 뒤치다꺼리가 여간 성가신 것이 아니었으나, 워낙 이 원숭이의 활발함과 재치에 정이 들어 결코 팔아버릴 마음은 없었다. 이 문제를 해결하고자 여러 날 고민한 끝에 드디어 이 노인네가 자신이 직접 그 원숭이를 길들이면 되겠다는 결론을 내렸다.

　그리하여 언제 어디서고 볼일을 보고 있는 원숭이를 발견하면 즉시 달려가서 원숭이를 끌고 화장실로 가서는 변기에 코를 박게 하고 몇 번 냄새를 맡게 한 다음, 볼기를 두어 대 치고는 번쩍 들어 창문 밖으로 내동댕이치곤 하였다.

　이렇게 하기를 약 한 달이 지난 어느 날 여느 때와 같이 정원 한가운데서 볼일을 보고 있는 원숭이가 눈에 띄자 역시 잡으려고 달려가는데 볼일을 마친 원숭이는 제발로 유유히 화장실로 가서 문을 열고는 스스로 변기에 코를 들이밀어 넣고 킁킁 냄새를 맡는 흥

126

내를 내고는 제 볼기를 그냥 두어대 툭툭 치고는 창밖으로 훌쩍 뛰어내려서는 이만하면 되었느냐는 듯 스스로 대견스럽다는 표정으로 넋을 잃고 서있는 노인네를 바라다보는 것이었다.

이야기는 여기서 끝이 난다. 그 어려웠던 지난 학기의 진통을 겪고 그래도 조심스럽고도 소박한 기대와 희망 속에서 시작된 이번 학기도 벌써 마무리 단계에 들어선 것 같다. 물론 시간은 흘러서 이렇듯 한 학기가 마무리되고 또 한 해도 다 가면서 졸업도 맞게 되나 보다.

흔히들 하는 말로서 모든 일에 있어서 그 과정이 중요하고 나아가「어떻게」라고 하는 방법론이 중요한 문제라고 하지만, 그 무엇보다도 먼저 목적의식을 간과할 수 없다. 과거에, 왜, 어떻게 해서 효성여대에 입학하게 되었느냐가 중요한 문제가 되는 것이 아니다.

지금 현재 자신이 서 있는 위치에서 어떠한 목적의식을 정립할 것이냐가 우선적으로 결정된 뒤에 그 방법론이 얘기될 수 있을 것이다. 기회가 닿을 때마다 하는 이야기이지만, 대학의 교육은 단지 지식의 전수만으로서 끝나는 것이 결코 아니다. 물론 무지로부터의 해방이 대학 교육의 당연한 임무라고 볼 때「효성인」여러분은 입학과 더불어 무지로부터 탈피하고자 각자가 분연히 노력하여야 할 것이다. 그러나 판단력의 함양, 즉 선·악에 대한 평가 능력이 포함되는 다시 말해서 가치의식과 분리될 수 없는 이 판단력의 함양 역시 대학 교육의 중요한 임무가 되는 것이다. 그런데 이 판단력의 함양이야말로 반드시 강의를 통하여서만 이룩되는 것은 아니라는 데 문제가 있다.

이는 교수의 강의라고 하는 정규적인 궤도를 통하여서가 아니라 오히려 여러 가지 형태의 자발적인 교내·외 활동을 통하여서 훨씬 효과적으로 획득할 수 있을 것이다.

그동안 각종 행사장의 빈 공간과 썰렁함으로 볼 때, 마음은 무척이나 무거워진다. 더욱이 강의가 끝나기 바쁘게 책과 노트를 챙겨서 교문을 빠져나가는, 캠퍼스의 생활을 모르는 큰 무리의 학생들을 볼 때 대학이라는 곳이 과연 무엇을 하는 것인지 회의가 들 때도 있음을 고백하지 않을 수 없다. 물론, 크게 봐서 인생을 살아가는 방법이 한없이 다양한 만큼 4년간의 대학 생활을 보내는 방법 또한 여러 가지의 길은 있을 것이다.

그러나 적어도 우리 모두가 효성여대를 아끼고 사랑하는 「효성인」으로서, 서두의 이야기에서처럼 실소를 금할 수 없는 원숭이의 형상은 되지 않을 슬기를 가질 것을 바랄 뿐이다.

효대학보 1987. 11. 20.

신뢰의 회복이 시급하다

통상 일반적으로 지적할 수 있는 현대사회가 안고 있는 단순한 병리 현상의 하나로서가 아니라, 매스컴을 통하여 매일 접하게 되는 수많은 사건들이나 현재 본교(효성여대)에서 전개되고 있는 여러 가지의 사태를 보고 듣노라면 무엇보다도 신뢰의 회복이 절대적으로 요청되는 과제임을 절감하게 된다.

우리는 지금 지독한 불신(不信)의 시대에 살고 있음을 지적하지 않을 수 없다. 물론 어느 면에서는 해방 이후 우리의 현대사를 돌이켜 볼 때, 이 문제가 어제오늘의 문제만은 아니겠으나, 지난 여름 온 나라를 뜨거운 열기 속으로 몰아넣었던 일련의 사태를 헤집고 보면 그 근저에는 하나 같이 불신이 도사리고 있음을 알 수 있다. 이 불신의 정도가 규범(법률)이나 정책, 정부에까지 미치게 되었을 때 팽만한 국민의 권리의식이 어떻게 표현될 것인가는 명약관화한 일이다. 그 단적인 예로서 멀리 4·19 학생혁명, 6·10 대행진 등을 거론하지 않더라도 가까이 86년·87년 본교의 이른바 학원 민주화 투쟁을 들 수 있을 것이다. 결국은 여러 가지 형태의 실력행사로밖에 표출될 수 없는 것이다.

이 불신 풍조를 극복하는 길이 권위주의적인 공권력에 의존할 것이 아님은 분명하다. 이 문제의 해결책은 합리적으로 이루어진 약속을 하나하나 지켜나가는 것으로부터 시작되어야 할 것이다.

약속(규범, 정책)은 테이블 건너편에 있는 상대방을 자신과 동등한 인격권의 주체로서 인정하고 서로 마주 앉아 합의라는 형식을 거침으로써 성립하는 것이며, 이렇게 하여 성립된 약속은 반드시 지켜야 한다는 것은 이미 고대 로마에서부터 하나의 법률격언으로 확인되어 온 기본 명제이다. 따라서 상대방(규범의 대상)을 인격권의 주체로서 인정하지 않고 일정한 목적을 달성하기 위한 도구로 간주하여 일방적으로 밀어붙여 강요된 합의사항은 그 출발부터가 상대방의 불신의 씨가 될 것이며, 그 약속이 실행에 옮겨질 확률은 더욱 기대하기 힘들다는 것은 자명한 이치로서 또한 불신을 가속화하는 계기가 되는 것이다.

규범에 대한 신뢰 역시 마찬가지이다. 어느 날 갑작스레 형벌 중에서도 극형인 사형을 집행한다는 사실을 언론을 통하여 공공연하게 알린다고 해서 법에 대한 국민의 신뢰감이 불쑥 생기게 되는 것은 아니다. 더욱 중요한 것은 규범이 담고 있는 내용의 정당성과 그 적용 및 집행의 한결같은 지속성과 정확성에 있는 것이다.

즉 새로운 규범의 수적인 증가가 문제가 아니라 정당한 규범의 정립과 그 예외 없는 적용, 집행이 변함없이 수반될 때 국민의 신뢰는 자연스럽게 형성되는 것이다. 이 점은 대학의 경우에도 예외가 아니다.

대학이 단순한 지식 전달의 장으로서 그 목적을 다하는 것이 아니라 민주 시민의 소양을 갖춘 지도적 인격을 함양하는 데 이바지해야 한다고 볼 때, 신뢰의 문제는 한층 중요하다고 하지 않을 수 없다. 더구나 신뢰가 없는 곳에 교육이 있을 수 없다는 점에서 더욱 그러하다. 우리는 지난 몇 년간 학생, 교수, 학교 상호 간의 불신이 빚은 진통을 몇 차례 겪은 바 있다. 이제부터라도 신뢰를 회복할 수 있는 방안을 모색하여야 한다.

그 기본은 교육적인 차원을 표방한 어느 한 쪽의 일방적인 요구보다는 먼저 학생, 교수 및 학교 당국자 모두가 인격권의 주체라는 점을 자각하여 마주 앉아 대화의 장을 여는 데서 출발하여야 할 것이다.

효대학보 1989. 9. 8.

약속은 지킵시다

어렸을 적엔 친구나 누구랑 약속을 할 때면 확실하게 그 이행을 담보하는 의식의 징표로서 의례히 새끼손가락을 서로 걸곤 했던 추억이 있다. 그냥 말로만 한 약속은 왠지 허전하여 새끼손가락을 걸며 약속을 어기지 않겠다는 서로의 다짐을 확인하고는 마냥 흡족해 했던 것이다. 그런데 요즈음 아이들의 약속하는 모습을 보면 새끼손가락만 거는 게 아니다. 새끼손가락을 걸면서 동시에 상대방의 엄지와 내 엄지를 맞대어 도장까지 찍는 의식을 치르며, 나아가 엄지와 검지로 동그란 구멍을 만들고는 그곳으로 바람을 불어 넣고는 약속을 어기면 그 바람까지 찾아올 것을 담보로 요구하고 있다. 얼마나 속아보고 못 믿었으면 이토록 처절하게(?) 약속의식을 치러야만 하는 것일까? 사실 그러한 일련의 의식을 거친다고 해서 반드시 약속을 지키리라는 보장도 없는 것이건만 이 사회의 현실은 자꾸만 우리에게 확실한 것으로 보장받기를 요구하고 있고, 이제는 황당한 담보까지 등장하게 된 것이다. 더구나 동네 목욕탕에 간 부자간의 이야기, 아버지가 '어, 시원하다'고 하며 온탕에 몸을 담그자, 이를 보고 따라서 들어간 아들이 '이 세상에 믿을 놈 없다'라고 목욕탕의 뜨거운 탕 안에서 내뱉었다는 일련의 얘기는 불신의 극치를 보여주는 우리 사회의 한 단면을 보는 듯하여 씁쓸하기 이를 데 없다.

문제는 바로 여기에 있다. 약속은 깨기 위한 것이라는 사고가 지배하는 한, 준법정신은 기대할 수 없다는 점이다. 새끼손가락을 걸며 한 약속에서부터 큰 이권이 오가는 계약을 거쳐, 공인들의 공약에 이르기까지 어느 하나라도 소홀히 하지 않고 그 이행을 위하여 진지하게 노력할 때, 우리 사회의 민주화는 진정한 꽃을 피우게 될 것이다. 굳이 사회계약설이란 큰 명제를 빌리지 않더라도 사회구성원으로서 지켜야 할 기본적인 약속의 하나가 바로 준법정신이다. 음주운전을 철저하게 규제하기 위하여 삼진 아웃 아닌 이진 아웃이라는 제도를 도입한들 무슨 소용이 있는가? 원초적으로 약속을 지키겠다는 확신이 서지 않으면 그 법망을 빠져나가려는 묘책만 무성해질 뿐이다. 결코 엄벌주의로서만 해결될 문제가 아닌 것이다.

어쩌다 우리 사회가 이렇게 되었을까? 그 원인을 곰곰이 생각해 보면 결국 이 문제의 시발점은 위정자들이라는 결론에 도달하지 않을 수 없게 된다. 돌이켜 보면 얼마나 속아 왔던가? 때로는 국민의 눈과 귀를 막는 언론을 봉쇄하는 방법으로, 또는 고압적인 권위로써 국민을 호도한 적이 어디 한두 번이었던가? 아니 과거는 그렇다 치더라도 최근 정치판에서 일어나고 있는 약속을 헌신짝 버리듯 한 작태는 민주적 절차를 무시한 독단적인 행동으로 개탄하지 않을 수 없다. 아무리 정치 논리와 법의 논리가 다르다고 하지만, 약속은 지켜야 한다는 명제는 만고불변의 진리이다.

이제 또 선거철이 다가온다. 우리 학교에서도 총학생회 회장단을 비롯한 각 단과대학 학생회장을 선출하게 되고, 무엇보다도 다음 달엔 대선이 있다. 역시 이번에도 후보들의 무수히 많은 약속이 홍수처럼 쏟아질 것이다. 우리는 지켜볼 것이다. 지킬 수 있는 약속만 하고, 당선된 뒤에는 꼭 그 약속을 이행할 수 있는 후보가 누구인지를, 그리고 그 후보를 선택할 것이다. 이제는 약속이 지켜지는 사회, 상대방을 믿을 수 있는 사회, 서로 신뢰할 수 있는 사회로 가꾸어

나가야 한다. 약속을 지킨다는 것은 상대방의 인격을 존중한다는 의미일 뿐만 아니라, 약속이 지켜질 때 예측 가능성이라는 산물도 부수적으로 따라오게 되어 사회발전에도 큰 도움이 되는 것이다.

이제, 우리 약속 좀 지키고 삽시다"

영대신문. 1997. 11. 5.

How to Live!(1)

The most important thing to learn in life is "How to Live"! 이 글은 "The use of life" 라는 책의 첫머리에 나오는 내용이다.

"어떻게 살래?" "어떻게 살거니?"

쉽게 답할 수 없는 참으로 어렵고도 중요한 문제라고 하지 않을 수 없다. 다음과 같은 얘기로 실마리를 풀어보고자 한다.

그다지 높은 지위가 아닌 그저 평범한 공무원으로서 평생 공직생활을 하다가 나이가 들어 아직 건강하지만 정년으로 공직생활을 마감하고 퇴직한 중늙은이가 있었는데, 수년 전 아내와도 사별하고 자식들도 멀리 살고 있어 자주 만날 수 없는 등 참으로 무료하게 하루하루를 보내고 있었다. 이를 딱히 여긴 주위에서 애완동물이라도 키워보라고 권유하여 이 사람 원숭이 한 마리를 구입하게 되었다. 상당히 영리한 원숭이라 같이 산책도 하고 재롱 피우는 것도 보면서 생활의 활력소가 되었고 이 사람의 생활이 완전히 바뀌게 되어 이제 원숭이 덕분에 생활에 활기가 넘치게 되었다. 그런데 이 원숭이에게는 못된 버릇이 하나 있었으니 아무 곳에서나 가리지 않고 볼일을 본다는 것이다. 뒤따라 다니며 원숭이가 저질러 놓은 배설물의 뒤치다꺼리가 상당히 성가신 일이기는 하였지만 벌써 미운 정 고운 정 다 들어 어떻게 하면 될까 고심한 끝에 이 원숭이를 길들이기로 마음먹었다. 해서 원숭이가 아무 곳에서나 볼일을 보면 곧 뒤따라가 귀를 낚아채서는 화장실로 데려가서 변기에 코를 대게 하고 '여기에 볼일을 보란 말이야'라는 말과 함께 볼일을 보는 시늉을 내고는 볼기를 두어 대 치고 창밖으로 집어 던지곤 하였다. 이렇게 하기를 한 달여 되었을까, 그날도 여전히 원숭이는 아랑곳 하지 않고 거실에서 덜컥 볼일을 보기에 원숭이를 잡으려고 달려가자 이 원숭이 제 발로 화장실로 뛰어가는 것이 아닌가. 화장실 문을 열고 들어서기 바쁘게 변기에 코를 들이밀고 킁킁 몇 번 냄새 맡는 흉내를 내고는 제 손으로 볼기를 두어 대 툭툭 치고는 창문 밖으로 훌쩍 뛰어내린 뒤 이만하면 됐느냐는 식으로 주인을 바라보더라는 것이다.

그냥 웃어버리고 넘어갈 문제가 아니라, 이 원숭이의 이야기가 우리에게 시사하는 의미는 적지 않다고 본다. 이 원숭이의 가장 큰 잘못은 주인이 가르쳐 준 행동의 본질 또는 근본적인 목적을 알지 못하였다는 점이 아닐까? 그냥 겉모습으로 드러난 의미만 전부인줄 착각하고, 왜 그렇게 해야 하는지, 그 행동이 무엇을 의미하는 것인지, 무엇을 위한 것인지 등등 그 내용을 정확하게 파악하지 못한 무지로 인하여 발생한 에피소드는 아닐까?

우리 자신의 주위를 한번 둘러보자. 우리는 이 원숭이와 같은 우를 범하고 있지는 않는지? 대학에 와서 무엇을 어떻게 해야 할 것인지 뚜렷한 목표의식 없이 하루하루 맹목적인 흉내만 내고 있지는 않는지? 졸업할 때 달랑 졸업장 한 장 받고 앞의 원숭이 이야기처럼 이제 이만하면 되지 않았느냐고 스스로 자위하는 우를 범하지는 않고 있는지? 흔히 하는 말로 무늬만 대학생인 생활은 이제 종지부를 찍자는 이야기다.

그렇다면 대학에서 무엇을 어떻게 할 것인가? 짧은 소견이지만, 다음과 같은 내용을 소개해본다.

먼저 무엇보다도 무지로부터 탈피를 강조하지 않을 수 없다.

우선 알아야 한다. 모르는 것만큼 서러운 것도 없다. 정보화 사회라는 등의 화려한 구호를 떠나서 내가 알고 있어야 한다는 것이다. 쉽게 말해서 지식으로 무장하여야 한다는 것이다. 무엇을 알아야 하는지는 각자가 설정한 목표에 따라 정해질 것이다. 무엇이든지 알고자 하는 마음만 있다면 알 수 있는 방법은 얼마나 다양한가? 정례적인 강의실 내에서의 지식 전수에만 목을 매어서는 안 된다. 오히려 진정한 지식은 강의실 밖에서 얻게 될 여지도 있다. 인터넷을 통한 지식전수든 책을 통한 지식의 습득이든 발품을 파는 만큼 깊이 있는 지식을 쌓게 될 것이다.

두 번째는 삶의 지혜를 길러야 한다는 점이다. 절대로 남에게 양보하지 않고 손해 보는 일 없이 약삭빠르게 행동하는 처세법을 배우라는 것이 결코 아니다. 무엇이 선이고 무엇이 악인지 정확하게 판별할 수 있는 가치관을 확립하라는 의미이다. 내가 알고 있는 많은 지식의 내용과 그 사실이 옳은 것인지 틀린 것인지 판단할 수 있는 분별력은 별개의 문제이다. 살아가면서 시시비비를 가리는 판단도 숱하게 할 것이며, 어떻게 행동할 것인지 결정해야 하는 기로에 서는 경우도 많을 수 있다. 그때 자신의 행동 지표나 기준이 될 수 있는 가치관을 형성하여야 한다는 것이다. 내 인생에서 가장 중요한 가치나 덕목은 무엇인가? 나는 무엇을 위하여 매진할 것인가? 내 행동의 방향을 결정짓는 동인은 무엇인가? 돈인가? 명예인가? 사랑인가? 우정인가? 그 기준을 결정하게 되는 것이 곧 지혜가 될 것이다. 이제부터 내 인생의 가치관은 어떻게 형성할 것인지 한번쯤 진지하게 고민할 때가 되지 않았을까?

끝으로 한 가지를 부가한다면 더불어 살 수 있는 여유를 가지도록 노력하여야 한다고 본다. 이제까지는 너 하나만 잘되면 된다는 식으로 살아왔다면 이제부터는 주위를 둘러보고 다 같이 잘 살 수 있는 방안을 강구할 수 있는 풍족한 마음을 가지도록 하여야 한다는 것이다. 어느 누구도 혼자 살 수는 없다. 옆에 있는 친구나 동료랑 같이 협력하고 힘을 모아야 한다. 여러분의 경쟁자는 옆에 있는 친구나 선배 후배가 아니라, 저 멀리 중국이나 일본 또는 미국에 있는 또래의 젊은이라는 점을 늘 강조하곤 했었다. 더불어 잘 살기 위해서는 나 자신을 선명하게 알릴 필요도 있겠지만, 더욱 중요한 점은 자신을 겸허하게 낮출 수 있어야 한다는 점이다.

알맹이가 꽉 찬 지식으로 중무장한 다음에, 무엇이 선이고 무엇이 악인지 분명한 가치 판단력을 가지고 자신을 겸허하게 낮출 수 있는 자라면 그 무엇인들 못해낼까?

또 하나 덧붙인다면 외국어에 대한 열정이다. 이제 영어에 신물이 났다면 중국어나 일본어라도 능통하게 말할 수 있도록 노력해야 한다. 문법을 따지는 것이 아니라 일상적인 대화를 할 수 있는 능력만으로 족하다. "미수다"에 출연하는 외국의 젊은 여성들 신통하리만치 우리말을 잘 구사하고 있다. 여러분도 얼마든지 그렇게 될 수 있다는 점을 명심하자. 졸업식장에서 꽃다발 하나 건네줄 파트너가 없다는 사실에 절대 절망하거나 의기소침해질 필요는 없다. 단지 하나 졸업한다는 사실을 영어나 중국어나 일본어로 유창하게 표현할 수 있다면 더 이상 바랄 것이 무엇이랴.

1974년 대학에 입학할 당시는 참으로 암담한 시기였다. 이른바 유신체제하에서 파생되는 사회적인 혼란과 열악한 교육환경, 지금 의과대학 건물에서 교양과정부를 마치고 2학년 전공부터 경산 캠퍼스에 오게 되었는데, 동대구역 부근의 스쿨버스 승차장에서 이곳 경산까지 오는 길은 또 얼마나 초라한지. 좁다란 2차선에 이어지는 시골 풍경, 드문드문 있는 몇 동의 건물 사이에 우뚝 선 기형적인 도서관 건물, 그야말로 황량한 캠퍼스, 눈을 뜰 수 없는 먼지 바람, 먼지 바람…

그때를 생각하면 참으로 눈부신 발전을 하고 있는 우리 대학이다. 앞으로 20년 뒤 여러분은 어디에서 무엇을 하고 있을까? 지금은 완전한 백지이지만 그 하얀 종이 위에 이제 지금부터 한 번 그림을 그려보도록 합시다. 마음먹은 대로 되는 것이 사람의 일이랍니다.

그때 여러분 역시 또 다른 후배들에게 열심히 살아온 자신의 이야기를 신나게 할 수 있게 되기를 바라면서 우리 모두의 건투를 빕니다. 영남대 법대 퐈이팅!!!

How to Live(2)

"어떻게 살 것인가"

매년 신학기 첫 강의 시간에 처음 만나는 학생들에게 던지는 화두다. 정확하게 표현하자면, "The most important thing to learn in life is 「How to Live」에서 따온 것으로서, "The use of life"의 서두에 나오는 말이다.

어떻게 살래?

신입생들에겐 4년간의 대학생활(campus life)을 어떻게 영위할 것인가? 라는 질문으로 대체하여 새로운 각오를 촉구할 수도 있다.

이 화두는 먼 훗날 죽음의 여신이 베토벤의 운명 교향곡처럼 문을 쾅쾅쾅 쾅 두드릴 때, 그가 들고 있는 빈 바구니에 무엇을 담아 줄 것인가? 아니 졸업의 여신이 문을 쿵쿵쿵 두드릴 때 들고 있는 빈 바구니를 무엇으로 채워줄 것인가?라는 질문으로 이어지며, 이제부터는 영남대학교에 '왜 왔느냐'고 묻지 말고, '어떻게 할래'라는 화두에 몰두하자는 독려로 마무리되곤 하였다.

그런데 올해부터는 이야기를 바꾸어야 할 것 같다. 문득 빈 바구니에 무엇을 채워 넣어야 한다는 결실만 강조하고 있지, 그 과정의 중요성에 대한 평가를 간과하고 있다는 반성이 앞서기 때문이다. 주위에서 흔히 볼 수 있고 들리는 이야기들이 하나 같이 목적 달성을 위해서는 수단과 방법을 가리지 않는 풍조가 만연한 듯하여 더욱 마음이 편치 않으면서, 10여 년 전 프랑스에서 1년간 머무를 때 만났던 독일 여학생이 머리에 떠오른다.

가족이 오기 전 학교(Lyon 대학)에서 제공한 숙소에서 혼자 있을 때인데, 옆방에는 독일에서 온 여학생이 있었다. 가끔 서로 초대해서 같이 저녁을 먹으면서 향수를 달래곤 했는데, 어느 날부터 아침을 먹지 못하고 있다는 이야기를 들었다. 아침이래야 반숙한 계란 1개와 커피 한잔이라 준비하기란 그다지 어렵지 않을 터인데 어떻게 된 것이냐고 물었다. 그런데 그 답이 내겐 상당히 충격적이었던 것으로 기억된다.

계란을 삶는데 정확하게 반숙하기 위해서는 타이머를 사용하여 시간을 재야 하는데 그 타이머의 건전지가 수명이 다해서 못쓰게 되었기 때문에 아침을 굶는다는 것이다. 당시 그 학생의 이야기를 듣는 순간 난 뒤통수를 한 대 맞은 기분이었다. 이를 어떻게 받아들일까? 그런 바보 같은 소리하지 말고 적당하게 익혀서 먹으면 되지 않느냐고 반문할 수 있을까? 타이머가 없다는 이유로 아침을 굶고 있는 그 학생에게 융통성이 없는 어리석은 행동이라고 힐난할 수 있을까? 아니다. 그 우직함에 난 놀랐던 것이다. 비록 계란을 삶는 조그마한 일이지만, 자신의 기준에 미흡하다면 편법을 사용해서라도 그 목적을 달성하기보다 기꺼이 포기해버리는 그 우직함에 난 전율을 느낄 정도였다.

우리 주위에는 재주 좋은 사람들이 참 많이 있다. 단지 지름길이라는 명분 하나만으로 절차를 무시하고 편법을 선호하는가 하면, 목적 달성이 여의치 않다고 여겨지면 요령껏 요리조리 잔머리를 굴려서라도 기어코 야심을 채우는 사람들. 그렇게 해서 출세 가도를 달리는 듯한 자들도 쉽게 볼 수 있다. 그 삶을 성공한 삶이라고 부를 수 있을까?

어떠한 일이든 목적과 방법은 모두 중요한 것이다. 아무리 목적이 높은 가치를 지녔다고 하더라도 정당한 절차와 방법을 거치지 않고 달성한 것이라면 무의미한 것이 되고 만다. 나이가 들면 자신도 모르게 현실과 타협하게 되고 적당히 얼버무리며 편하게 살려는 안이한 자세를 취하기 십상인데, 대학에서부터 요령만 피우고 잔머리 굴릴 궁리만 한 대서야.

우리 이제부터 우직하게 살자!

영대신문 2004. 3. 2.

동성동본 불혼규정은 폐지되어야 한다.

나라마다 제각기 고유한 전통과 독특한 문화가 있기 마련이지만, 그 내용이 반드시 법제화되어 명문으로 규정되어야만 효력을 발생하게 되는 것은 아니다. 좋은 전통과 문화는 법으로 규정하는 것과는 관계없이 국민들의 의식 속에서 면면히 이어져 오고 있는 예를 우리는 많이 알고 있다. 동성동본 불혼제도도 마찬가지이다. 동성동본인 자는 혼인할 수 없다는 내용을 민법에 규정하면서까지 규제할 필요가 있는 것일까? 가까운 친족 사이의 혼인을 금지하는 근친혼 금지제도는 여러 가지 측면에서 설득력이 있고, 또 세계의 입법추세라고 하겠으나, 촌수를 헤아릴 수 없는 생면부지인 사람이라도 오로지 동성동본이라는 이유 하나만으로 혼인할 수 없다는 법제를 어떻게 설명할 수 있을까?

애초에 민법전 제정 당시부터 이 제도에 대하여는 큰 논란이 있었다. 민법기초위원회의 민법초안에는 사실 이 동성동본불혼규정은 들어가 있지 않았다. 그런데 당시 정부에서 제출한 수정안에 느닷없이 동성동본인 자는 혼인할 수 없다는 규정이 들어가게 된 것이다. 그러자 이 규정의 존폐 여부를 놓고 국회는 물론 시민공청회에서도 격론이 벌어졌었다.

국회 법사위원회에서도 동성동본불혼 규정은 삭제하는 것으로 결정하였으나, 결국 국회 심의에서 정부안이 가결됨으로써, 미풍양속이란 명분하에 세계에 유례가 없는 이 법제를 두게 된 것이다. 국회 심의가 시작되었을 때, 당시 이승만 대통령이 이례적으로 성명을 발표하여 동성동본불혼 찬성을 표명함으로써, 이 법제를 인정하는데 결정적인 역할을 하였다는 점도 지적하지 않을 수 없다. 당시 정부로서는 반일 감정을 부각시키고, 반공이데올로기를 강화하는 한편, 전쟁 후 문란해진 가족 질서의 위기적 상황을 타개하기 위하여 유교적인 가족 질서를 강조하게 되었으며, 그 결과의 하나로서 동성동본 불혼법제를 도입하게 된 것으로 풀이된다.

그런데 1958년 민법전 제정 당시로부터 36년이 지난 오늘날까지 동성동본불혼제도를 법제화한 당시의 논리가 그대로 유지될 수 있다고는 생각하지 않는다. 이미 그 사정이 많이 달라졌다. 이제는 동성동본 불혼 규정이 민법전에서 사라져야 할 때가 되었다고 본다. 이 규정을 폐지하게 되면 당장 혼인윤리가 땅에 떨어질 것 같은 혼란을 염려하는 폐지반대론에 대하여 부언한다면, 이 규정을 민법전에서 삭제한다고 해서 그것이 곧 동성동본인 자끼리 혼인을 하라고 권장하는 것이 절대 아니라는 점을 명백히 하고자 한다. 혼인의 본질은 어디까지나 애정에 있다. 이 애정 문제란 국가가 강제할 수 있는 영역이 아니다.

동성동본 불혼문제도 구태여 법률로서 강제할 필요가 없다는 것이다. 이 문제는 각자의 가치관, 도덕관에 맡기면 된다. 더구나 지금까지 미풍양속으로 잘 지켜져 왔다면 그 관습의 힘에 맡기면 되지, 모든 사람에게 획일적으로 강제할 것까지는 없다고 하겠다. 요컨대 유전적이나, 윤리적으로 바람직하지 못한 근친혼은 법으로 금지함이 마땅하지만, 그 이상의 혼인 문제는 각자의 가치관이나 도덕관에 일임하자는 것이다. 촌수를 헤아릴 수 없는 생면부지인 동성동본인 자 간에 혼인하여 겪게 될 고통과 번뇌 등 사회적 비난에 대한

가치판단은 혼인 당사자가 내려야 하는 것이지 공권력이 개입할 성
질이 아닌 것이다.

대구여성 제39호, 1994. 12. 5.

혼인의 본질과 동성동본 금혼 규정 위헌결정의 의미

얼마 전 우리나라의 민법학계, 특히 가족법략의 해묵은 과제가 하나 해결되었다. 헌법재판소는 「동성동본인 혈족사이에는 혼인하지 못한다」고 규정한 민법 제809조가 위헌이라고 결정한 것이다. 보다 정확하게 표현하면 「동성혼 등의 금지」를 규정하고 있는 민법 제809조 조항을 1998년 12월까지 개정하여야 하며, 1999년 1월 이후에는 그 효력을 상실한다는 요지의 헌법불합치 결정을 내렸다. 또한 헌법재판소는 민법 제809조가 개정될 때까지 이 조항의 적용을 중지하여야 한다고 결정함으로써 이제 동성동본 혼인 금지 규정은 그야말로 그 효력을 상실하게 되었다. 1958년 민법 제정 당시부터 논란이 되면서 오늘날까지 그 개정을 둘러싼 숱한 찬반양론의 결판이 난 날이다. 대법원도 헌법재판소의 이러한 결정에 따라 「동성동본인 혈족 사이의 혼인신고에 관한 예규」를 제정하여 시·구·면에 시달하고, 곧바로 시행에 들어가도록 했다는 소식이다.

이러한 일련의 사태에 일부에서는 쌍수를 들어 환영하고 있는가 하면, 유림 단체에서는 우리의 전통과 관습을 무시한 처사라고 개탄해 마지않고 있다. 대한변호사협회도 이제는 동성동본 금혼의 이념적 존립 기반은 이미 상실된 것이라고 지적하여, 헌법재판소의 위헌결정을 찬성하며 환영한다는 논평을 발표하였다.

그런데 혼인의 본질을 고려해 본다면, 이번의 헌법재판소 결정은 여성단체 측만 환영할 일도 아니고, 이 땅의 윤리 기강이 무너진 양 비분강개할 일도 아니라고 생각된다.

무엇보다도 민법상의 혼인이란 남녀 당사자의 자유로운 의사의 합치에 의하여 성립되는 관계이기 때문이다. 이미 여러 차례(1978년, 1988년, 1996년) 특례법에 의하여 파행적인 조치로서, 혼인신고를 못하고 있는 동성동본 부부를 구제한 적이 있지만, 이번의 헌법재판소 결정을 결코 2만이나 3만이니 하는 그러한 부부를 구제한다는 취지에서 바라볼 것은 아니다. 또한 이 위헌(헌법불합치)결정은 동성동본인 자들끼리 혼인을 하라는 의미는 더욱 아니다. 혼인은 애정에 바탕을 둔 관계이므로 필요한 최소한도의 울타리만 쳐서 규제할 일이고, 그 범주를 벗어나지 않는 범위 내에서는 당사자의 자유로운 의사에 맡길 일이라고 해석한 것으로 이해된다.

　이러한 시각에서 헌법재판소는 동성동본 금혼 규정이 「헌법에 보장된 행복추구권, 혼인의 자유 평등권 등에 어긋난다」고 표현한 것이다. 즉, 과거 동성동본금혼이라는 지나치게 방만하다 못해 규제의 실효성을 기대할 수 없었던 큰 울타리가 이제 8촌 이내의(현행법상으로는) 친족이라는 조금 더 좁지만, 실효성 있는 울타리로 바뀐 것이라고 볼 수 있다. 그런데 이를 두고 앞으로는 동성동본혼인이 만연해질 것으로 속단하여 우리의 미풍양속이 송두리째 파괴되어 버릴 것이라고 비관적으로 생각할 일도 아니거니와, 우생학적 운운할 일도 아니라고 생각된다.

　이 세상에는 법으로 막을 수 없고, 법으로 해결할 수 없는, 법으로 강제할 수 없는 일들이 무수히 많이 있다. 형법에 범죄자를 처벌하는 규정이 있다고 해서 범죄가 발생하지 않는 것은 아니다. 혼인 문제도 마찬가지이다. 혼인의 본질은 애정에 있다. 이 애정 문제는 법이 개입하여 그 분쟁을 해결하는 데 한계가 있는 것이다. 이를

테면 혼인하기로 철석같이 믿고 약혼했는데, 얼마 후 합당한 이유도 없이 일방적으로 파혼당한 경우에 아무리 헤어지기 싫다고 하더라도 법으로 강제결혼을 성사시킬 수는 없는 일이다. 법적으로는 다만 그 부당한 파혼에 대한 징벌적인 의미로서 금전배상을 명령할 수 있을 뿐이다. 하물며 당사자끼리 좋아서 같이 살겠다는 데는 법이라도 그 결합을 막을 재간이 없는 것이다. 오로지 일정한 범주의 혼인은 신고를 받아주지 않음으로써 그에 따른 불이익을 강요할 수 있을 뿐이다. 이렇게 본다면 이 문제는 결국 각자의 가치관에 따른 선택의 문제로 귀결되고 만다.

이를테면 이번의 헌법재판소 결정이 있기 전에도, 동성동본인 자들끼리는 혼인할 수 없다는 금지 규정이 민법에 엄연히 존재하고 있음에도 불구하고, 여러 가지 제약이며 불이익을 감수하고라도 서로가 좋아서 같이 살겠다는데야 어찌할 수 없는 일이 아닌가! 이러한 점에서, 필요 없는 규정을 두고 이따금 특별법으로써 선심 쓰듯 구제하여 법에 대한 불신감이나 경시 풍조만 조장할 것은 아니라고 누차 지적한 바 있다. 오늘까지는 동성동본인 자들끼리의 혼인신고를 받아 주고, 내일부터는 안 된다고 할 때, 그 정당성과 합리성을 어디에서 찾을 수 있을 것인가? 오히려 실질적으로 규제 가능한 최소한도의 범위로 명확하게 규정함으로써 법기능의 효율성을 도모할 수 있을 것으로 기대된다.

이 최소한도의 울타리 설정에는 의견이 다를 수 있다. 현재 민법상의 혼인 무효 사유는 당사자 간의 혼인 합의가 없는 경우 이외에, 당사자 간에 직계혈족, 8촌 이내의 방계혈족 및 그 배우자인 친족관계가 있거나 또는 있었던 때라고 규정하여 8촌 이내의 근친혼을 금지하고 있다. 앞으로 민법이 다시 개정되어 구체적인 금혼 범위가 결정될 때까지는 8촌 이내의 혈족이거나 인척인 근친끼리의 혼인은 무효가 된다. 혼인 무효는 당사자나 법정대리인 또는 4촌 이내의 친족이 언제든지 혼인 무효 소송을 제기할 수 있도록 되어 있다. 만약에 동성동본인 자로서 8촌 이내의 관계라면 혼인신고가 되더라도 4촌 이내의 친족이나 법정대리인이 혼인 무효를 주장하여 근친혼을 방지할 수 있을 것이다.

대구여성. 제54호. 1997. 9.

법과대학독립 10년을 돌아보며

올해는 영남대학교 법과대학이 법학과만의 단과대학으로 독립한 지 10년이 되는 해이다. 1987년 10월 23일, 종래 행정학과와 정치외교학과 및 법학과로 구성된 법정대학 법학과에서 법과대학 법학과(당시 공법학과·사법학과)로서 독립된 단과대학으로 새로운 출발을 하였던 것이다.

돌이켜 보면 1947년 3월 10일 대구문리과대학으로 개교하여 3년제 법과 전문부를 설치한 것을 모태로, 그해 10월 다시 대구대학이 설립되면서 4년제 법학과가 설치되고, 1950년 4월 청구대학의 법학과를 거쳐 1967년 12월, 청구대학과 대구대학이 합병하여 영남대학교 법정대학 법학과로서 통합된 지 30년이 되는 해이기도 하다. 이렇게 볼 때 올해는 법학과 설치 50주년이 되는 해이며, 영남대학교 법정대학 법학과로서 새 출발한 지 30년, 법과대학 독립 10년이 되는 해이기도 하다. 10년이면 강산도 변한다는 너무나도 흔한 말을 빌리지 않더라도 그간의 세월은 결코 짧은 것은 아니었으며, 법학과의 역사는 영남대학교 50년의 역사와 더불어 같이 왔으며, 법과대학의 발전은 영남대학교 50년의 발전과 그 맥을 같이 하는 것이라고 할 수 있다.

그동안의 숱한 변화와 질적·양적 발전상은 일일이 매거할 수 없을 정도로 다양하고 풍부하리라 짐작되지만, 필자의 식견 부족과 역량 부족 탓도 있거니와, 편집부의 요청에 따라 이 자리에서는 1987년 법과대학으로 독립한 이후의 변모를 되돌아보고자 한다.

사실 종래 대부분의 경우, 법학과는 법정대학의 한 학과로서만 존재하고 있었다. 즉, 대체로 법정대학에서는 행정학과 및 정치외교 학과와 더불어 법학과가 존재했던 것이다. 그런데 이러한 체제가 변모하기 시작한 것은 실로 엉뚱한 연유에서 비롯되었다는 점도 어떤 면에서는 아이러니라고 하지 않을 수 없다. 그 진원지를 따지자면 과거의 체제를 탈피하여(?) 법과대학으로 독립하면서 공법학과와 사법학과로 구분하기 시작한 최초의 대학은 서울대학교이다. 그런데 당시 서울대학교는 행정학과가 없어서 공법학과를 행정학과 대신으로 설립한 것이라고 한다.[*] 그렇다면 다른 국립대학에서 이를 따라 공법학과와 사법학과로 굳이 구분하여 독립된 법과대학으로 편제를 바꾼 이유는 무엇일까? 이 의문에 대한 답으로서는 「행정학과를 둔 대학에서 공법학과와 사법학과를 구분한 것은 학과별 운영을 하는 국립대학교에서 법과대학의 지위 향상, 예산 증액을 위한 편법으로 운영하는 것」이라는 지적을 들 수 있다.[**] 어디까지나 여담이지만, 서울대학교가 공법학과와 사법학과로 구분한 것은 사법 전공 교수와 공법 전공 교수들 간의 반목·불화가 빚어낸 결과라는 혹평도 당시 꽤나 회자되었던 내용으로 기억된다. 사실 공법·사법 양학과로의 구분에 대한 특별한 당위성이나 정당성이 발견되거나 입증되지 않음으로써 불거져 나온 이야기가 아닌가 한다. 이렇듯 최초 출발은 학문상의 절대적인 필요성보다는 학생 수 증원을 위한 편법 또는 예산 증액이라는 목적을 위하여 편의상 운용되었다는 사실이 법학

---

[*] 김철수, 한국법학교육·연구의 현황과 개선 방향, 법학논총(한양대학교 법학연구소) 창간호(1984.2), 166면
[**] 김철수, 앞의 글, 같은 면

과 교수로서는 실로 고소를 금할 수 없는 점이라고 고백하지 않을 수 없다. 특히 이러한 사실은 당시의 공법학과와 사법학과의 교과목을 비교해보면 바로 간파할 수 있는 내용이다. 양 학과의 교과목에 차이가 거의 없는 것이다. 굳이 차이가 있다면 공법학과의 전공필수 과목의 일부가 사법학과에는 선택과목으로 되어 있다는 정도이다. 그렇지만 이러한 법과대학 독립추세와 공법학과와 사법학과로의 분리 운영은 타 대학에도 영향을 미치게 되어, 이 지역 사립대학으로서는 처음으로 우리 대학이 1987년 법과대학으로 독립하면서 공법학과와 사법학과로 분리 운영하게 된 것이다. 그런데 사실 이러한 일련의 법과대학 세 불리기 개편은 사법시험 제도, 특히 사법시험 합격자 수의 증가와도 밀접한 관련이 있는 문제이기도 하다. 당시 사법시험 제도의 문제점이 지적되면서 이른바 미국식 Law School로의 개편을 향한 5년제 또는 6년제 법과대학 방안과 대학원 중심으로의 개편방안 등이 활발하게 논의되기 시작했던 것이다. 이에 따라 전국의 법학과를 지역별로 통폐합한다는 등 여러 가지 내용의 소문(?)이 난무하면서 각 대학들은 나름대로 대처 방안을 강구하기 시작했고, 그 일환으로서 법과대학의 독립 개편과 학생 수 증원에 주력하게 되었다는 점도 간과할 수 없다.

요컨대 당시 전국적인 추세에 따라 사립대학으로서는 비교적 빠른 시기에 법과대학이라는 독립된 단과대학으로서, 공법학과와 사법학과로 분리 운영한 점이 본 법학과의 새로운 발전의 계기가 된 사실은 부정할 수 없다. 다만 당시 독립이라고 해도 편제상의 독립에 불과했고, 독립된 법과대학 건물도 확보하지 못했을 뿐만 아니라, 제반 여러 가지 여건과 관련해서 사실상 명실상부한 독립이라고 하기는 어려운 실정이었다. 특히 초대 법과대학 학장실은 사회관의 연구실 하나를 급하게 비워서 문패만 학장실이라고 내건 초라한(?) 모습이었다. 이러한 와중에 국제정세가 정치적 냉전 시대를 마감하고 이른바 경제전쟁 시대로 도입하는 등 세계의 환경 변화에 따라, 우리 정부도 양질의 우수한 대학 졸업 노동력을 확보하고 대학의 연구 능력 제고를 강력히 요구하게 되면서 학과 및 대학평가 인정제를 도입하고, 대학의 질적 평가에 의한 대학 정원 정책을 시행하며, 교수 승진제도의 강화 등 대학사회에 경쟁체제의 도입을 적극적으로 추진하고 나섰다. 본교에서도 이러한 도전에 능동적으로 대응하기 위하여 착안한 제도 중의 하나가 중점학과 육성방안 및 유사학과 통합 작업이었다. 특히 예산 절약과 투자 효율성을 고려하지 않은 채 학과를 지나치게 세분화하여 왔다는 반성과 함께 유사한 학과의 통합을 유도하였던 것이다. 이에 따라 1992년 7월 그동안 분리 운영해오던 공법학과와 사법학과를 법학과로 통합하게 되었고, 이듬해 본교의 중점학과로 선정되어 본부로부터 예산상의 보조를 위시한 여러 가지 특혜(?)를 받게 됨으로써, 또 한 번 비약적인 발전을 할 수 있는 기틀을 마련하였다고 할 수 있다. 또한 특기할 만한 점으로서 법과대학 단독건물의 필요성을 공감한 대학 본부 측에서 적당한 부지 선정 작업에 착수하였던 것이다. 그 후 법과대학 단독건물의 부지 문제는 결정과 반복 등 몇 차례의 진통을 겪은 후에 현 위치(현재 정행대학 건물)로 최종 낙착되어 공사에 들어갔던 것이며, 1996년 8월 준공되어 현재의 새 건물로 입주하게 된 것이다. 단과대학 독립 후 9년이 지난 이제 비로소 단독건물을 마련하게 된 법대로서는 이제 제법 구색을 갖추어 가고 있는 듯하다. 물론 아직 주변의 환경 개선과 학생 모두가 열심히 공부할 수 있는 면학 분위기 조성을 위해서는 많은 과제가 남아 있긴 하지만…

지금 이 순간 잠깐이나마 필자의 개인적인 회상에 잠길 수 있는 빗나감을 너그러이 양해해 준다면, 74년 본교 법학과에 입학하여 대명동 캠퍼스 목조 건물(현 의과대학 및 특수대학원 건물)에서 교양과 정부 강의를 듣다가 이듬해 2학년 때부터는 경산 캠퍼스로 오게 되어, 법정대학 건물(당시 영대신문사가 입주해 있는 건물. 현 외국어교육원)의 좁은 공간이나마 당시 새 건물이라고 마냥 좋아하던 시절, 또 법정대학 건물 옆의 바라크식 가건물(현 종합강의동 자리)의 식당에서 점심시간이면 준비해온 도시락에 나물국이라도 한 그릇 사면 더없이 행복해하며 맛있게 먹곤 하던 시절의 추억이 아스라이 떠오른다. 그 당시와 비교해서 국민경제의 발전을 아무리 고려한다고 하더라도 당시 2층 건물의 좁은 공간 및 빈약한 여러 가지의 여건과 현재 난방 시설을 갖추고 있는 법과대학 강의실 시설과 각종 최신 장비를 구비하고 있는 어학실 등을 비교하면, 격세지감이라고 할까 실로 괄목할 만한 발전이라고 하지 않을 수 없다.

그 사이에 법과대학 교수님들에게도 상당한 변화가 있었다. 먼저 법과대학 교수 숫자만 보더라도 1987년 법과대학 독립 당시에는 불과 8분의 교수님밖에 계시지 않았는데 이제는 14분의 교수님으로 대폭 증원되었고, 1996년 9월에는 16분의 교수님이 재직하고 있었던 적도 있다. 그동안 단독건물의 확보(비록 정행대학과 공동으로 사용하고 있긴 하지만) 못지않게 법과대학의 위세가 증폭되었음을 입증하는 단적인 예라고 하겠다.

그리고 법과대학은 1996년 또 하나의 변신을 시도하여 법학과를 법학부로 개편하고 공법전공과 사법전공으로 구분하여 운영하고 있다. 결국 법과대학 법학부로 된 것이다. 이 학부제 운영은 과거 편법으로서 공법학과와 사법학과로 구분했던 의미와는 상당히 다른 내용이다. 왜냐하면 1,2학년의 공통과목을 마친 뒤 3학년부터 전공을 지정하게 되면 그 전공에 따라 명실상부하게 실질적으로 양 전공의 교과목은 완전히 다르게 되기 때문이다. 그렇지만 법학부로 입학하여 공법이든 사법이든 어느 하나만 전공하게 되면, 사실상 반쪽 법학밖에 되지 않는 실정이라 복수전공으로서 제1전공은 공법, 제2전공은 사법을, 또는 그 순서를 바꾸어 제1전공을 사법으로 제2전공을 공법으로 하든 복수전공을 하여야 사실상 법학부에 입학하여 졸업할 때까지 나름대로의 결실을 맺을 수 있을 것으로 보인다. 이제 1998년부터 전공 구분이 시작되는 시기라 앞으로의 귀추가 주목된다.

학생 수의 규모도 간과할 수 없는 법과대학 발전의 중요한 요소라고 하겠다. 1987년 법과대학 독립 당시 공법학과 40명, 사법학과 40명 야간강좌 40명으로 출발한 것이 현재 법학부 120명 야간강좌 80명으로 증원된 것이다. 근래 와서 여학생이 두드러지게 많이 입학하고 있다는 점도 특기할 만한 점이라고 하겠다. 1990년만 하더라도 한 학년에 2~3명 불과하였는데 이제는 총학생의 10~20%까지 여학생 수가 육박하고 있는 실정이다. 이에 따라 학생회 활동도 상당히 변화하고 있는 듯하니, 여학생회가 구성되어 여학생들의 권익보호에 앞장서고 있다는 점이다. 이러한 추세를 강력하게 뒷받침할 수 있는 현상으로 개교 이래 처음으로 여성 법관이 탄생하는 경사도 있었다.

이제 법과대학 독립 10년, 아니 영남대학교 법학과 50년을 돌아보면, 초창기 대구대학과 청구대학의 태동기를 거쳐 1967년 영남대학교로 통합한 것이 비약적인 발전의 계기가 되었고, 우리 법과대학으로 봐서는 1987년 법과대학 독립이 또 하나의 비상을 위한 기초를 제공한 것으로 여겨진다. 이제 법과대학은 21세기를 향한 힘찬 도약을 꿈꾸고 그 실행을 향하여 매진하여야 하는 중대한 시점에 있다고 할 수 있다. 그동안 10년의 세월은 법과대학 발전의 초석이 될 것이며, 이제 그 바탕 위에 21세기를 대비한 새로운 청사진을 구상하고 또 한 번의 도약을 시도할 중차대한 과제가 우리 모두에게 있는 것이다.

이러한 꿈이 실현될 수 있기 위해서는 어떻게 무엇을 하여야 할 것인가라는 질문에 대해서는 아래에 설시한 조건들이 우리가 해야 할 일의 방향과 내용을 설정해주는 듯하여 소개하는 것으로 그 답을 대신하고자 한다.

일반적으로 우수한 법과대학이 되기 위한 이상적인 조건으로서 다음과 같은 6가지를 들 수 있다.

첫째, best student(학생)

둘째, eminent faculty(교수)

셋째, largest library(도서관)

넷째, influential law review(법학지)

다섯째, richest curricula(교과목)

여섯째, generous supporting facilities(시설)이다.

곰곰이 따져보면 우리의 현 상황은 이러한 제반 조건에 대하여 최소한의 기본적인 여건은 나름대로 구비하고 있다고 자위해본다.

다만 앞으로 보강해야 할 내용이라면 그 내용의 질을 더욱 향상시키는데 진력하여야 할 것이다.

끝으로 Comte가 했다는 다음 말을 짙은 공감과 더불어 소개하며 앞으로 10년 뒤, 아니 그 후 법과대학의 눈부신 발전상을 기대해본다.

"Love our principle,
Order our foundation,
Progress our goal"

증언 제6집. 1997. 겨울

살아있는 불씨 법학전문대학원 제도

며칠 전 교육부 장관이 모 신문사와의 인터뷰에서, "법학전문대학원 도입은 물 건너갔나"라는 마지막 물음에 "아니다"라고 단호하게 답한 내용이 보도되었다. 또한 교육부 장관은 부연 설명하기를, 계획한 2002년보다 늦어지겠지만 계속 추진할 것임을 분명히 하고 대통령도 그 필요성에 공감하고 있다는 점을 강조하며 끝을 맺고 있다.

교육부 장관의 단호한 의지를 엿볼 수 있고, 그 배경에는 통치권자의 지지가 있다는 확고한 기반을 과시한 점에서 의미를 찾을 수도 있겠지만, 그동안 혼란의 연속이었던 일련의 과정을 익히 알고 있는 우리로서는 기대보다도 우려가 앞선다.

법학전문대학원 도입을 둘러싼 그동안의 과정을 돌이켜 보면, 1994년 사법개혁 문제에서 비롯된 이 논의는 여러 관련 단체와 대학의 격렬한 찬반 논란을 거쳐 결국 1996년 2월 법학교육개혁위원회에서 전문법학대학원 제도의 도입을 제안함으로써 대두된 문제다. 구체적인 안으로서, 1995년 세계화추진위원회가 사법제도 개혁 차원에서 법학전문대학원의 도입을 제안하였고, 1996년에는 교육부가 교육개혁의 과제로 추진했지만, 양측의 제안 모두 당시 대법원을 비롯한 법조계의 반발로 무산되고 말았던 사실은 아직 우리의 기억에 생생하게 남아 있다. 그런데 현 정부 출범 후 작년 새교육공동체위원회가 학사학위 취득 후 3년제 법학전문대학원 제도의 도입을 대통령에게 보고함으로써 또다시 불거진 이 문제는 오늘까지 아무런 진전 없이 그저 설왕설래하고 있는 실정이다.

이처럼 시간적으로 그리 오래되지 않은 동안 이 문제를 관장하는 주무부서가 세계화추진위원회에서부터 새교육공동체위원회에 이르기까지 몇 번이나 바뀌는 일관성 없는 정책 혼선과 조금이라도 이익을 침해받지 않으려는 법조계의 강한 반발 등으로 갈팡질팡하고 있는 현실은 실로 개탄하지 않을 수 없다.

혁명으로 제도를 전복하는 것과 달리 개혁을 통한 변화를 추구한다는 것은 이행 당사자들의 일방적인 희생을 강요할 수는 없는 일이고, 따라서 모든 부분을 포용하면서 공익에 접근하려고 하는 점에서 분명 그 궤를 달리한다.

개혁을 통한 변화를 추구할 때, 가장 먼저 정리가 되어야 할 내용은 현행 제도의 문제점을 정확히 진단하는 일이다. 그 다음에 그 문제점을 해결할 수 있는 합리적이고도 적절한 처방전을 강구한다면 누구나 공감할 수 있는 답을 얻게 될 수 있기 때문이다.

그렇다면 현재 이 시점에서 무엇이 문제인가?

그 답은 현행 사법시험 제도로서는 21세기로 전환하는 사회변화에 적절하게 대응할 수 없으며, 적어도 경쟁력 있고 책임 있는 전문 법조인을 양성하여 국민에게 보다 질 좋은 법조 서비스를 제공할 수 없다는 점이다. 이 문제는 단순히 사법시험 합격자 수를 늘린다고 해서 해결될 문제는 아니다. 그보다 더 근본적인 해결책이 강구되어야 할 것이다. 법학전문대학원 제도의 도입도 그 해결방안으로서 한 가지 대안이 될 수 있다.

그런데 현재 법무부에서는 전문지식을 갖춘 법조인을 양성하고 대학 교육의 정상화와 국가 인력 자원의 효율적 배분을 도모한다는 취지에서, 사법시험 업무를 관장하는 기관을 현재 행자부에서 법무부로 이관하고, 시험 응시 자격을 법학사 이상의 학위를 취득한 자 또는 일정한 학점 이상의 법학 과목을 이수한 자 등으로 제한하는 내용을 주요 골자로 한 사법시험법안을 제출하여 이 문제를 해결하려는 미온적인 자세를 취하고 있다. 단언컨대 이와 같은 사법시험법 제정만으로 사법개혁이 이루어진다고는 보지 않는다. 대학 내의 비정상적인 고시 열풍을 잠재우고, 파행적으로 운영되고 있는 법학 교육을 정상화할 수 있는 해결 방안이라고 할 수 없다.

현재 대학의 여건이 법학전문대학원 제도를 도입하기에 미흡하다는 자책만으로 그 도입을 주저하거나 반대할 일은 아니다. 앞으로 대처할 시간은 얼마든지 있다. 이제 일본은 소비자 중심 형태의 사법개혁을 추진하여 미국식 법학전문대학원제도의 도입이 확정적인 듯하다. 적어도 일본이 바뀌니 우리도 바뀌겠지라고 하는 자조적인 기대에 앞서, 정부는 보다 적극적으로 사법개혁에 따른 법학전문대학원 제도의 도입을 추진하여야 할 것이다.

한국대학신문, 361호. 2000. 10. 2.

법학전문대학원 제도

우리나라도 2009년 3월부터 법학전문대학원 제도가 실시된다. 김영삼 정권 하에서 사법개혁의 일환으로 법학전문대학원이 거론된 지 십 수 년 만에 드디어 빛을 발하게 된 것이다.

2007년 7월 3일 우여곡절 끝에 국회에서 「법학전문대학원 설치·운영에 관한 법률」이 통과된 뒤, 2008년 2월에 전국의 25개 대학이 법학전문대학원 설치 예비인가를 받게 되었다. 2009년도에 법학전문대학원을 개원하게 될 대학은 다음과 같다.

강원대학교, 건국대학교, 경북대학교, 경희대학교, 고려대학교, 동아대학교, 부산대학교, 서강대학교, 서울대학교, 서울시립대학교, 성균관대학교, 아주대학교, 연세대학교, 영남대학교, 원광대학교, 이화여자대학교, 인하대학교, 전남대학교, 전북대학교, 제주대학교, 중앙대학교, 충남대학교, 충북대학교, 한국외국어대학교, 한양대학교 (가나다순).

따라서 위 대학들은 2009년 3월부터 법과대학이 폐지됨으로써 법과대학의 입학생은 받을 수 없고, 학부를 졸업한 자들을 대상으로 법학전문대학원의 신입생을 받게 된다.

이처럼 법학전문대학원제도가 시행됨으로써 이제는 전공 내용과 관계없이 대학에서 4년 과정을 이수하여 졸업한 학생들이 법학전문대학원에 입학할 수 있으며, 법학전문대학원을 졸업한 자들에게만 판사나 검사, 변호사 등 법조인이 될 수 있는 시험을 칠 수 있는 자격이 부여된다.

법학전문대학원을 설치하게 되는 대학에서는 법과대학을 폐지하게 된다. 따라서 앞에서 소개한 25개 대학에서는 2009년 3월부터 법과대학 신입생을 모집할 수 없을 것이다. 특히 교육부는 유사 법학과의 존치 또는 신설을 모두 배척한다는 입장을 표명하고 있다.

2009년 3월에 입학한 법학전문대학원 학생들이 3년간의 교과과정을 이수하고 졸업하게 되는 2012년 1월 또는 2월경에는 변호사시험을 치르게 된다. 시험의 명칭도 아직 확정되지 않았기 때문에 가칭 변호사시험이라고 부른다. 이 변호사시험에 합격한 자만이 법관이나 검사 또는 변호사로서 활동하게 된다. 따라서 현재 시행중인 사법시험은 종말을 고하게 되는데, 현재 계획은 2013년까지는 현행 사법시험이 실시될 것이라고 하지만 확정된 것은 아니다. 이로써 1950년 처음 실시된 고시제도가 대단원의 막을 내리게 된다.

1950년 1월 6일 첫 고등고시 행정과가 시행되어 5명의 합격자를 배출했으며(당시 500명 지원), 1월 26일에는 고등고시 사법과가 실시되었는데 19명이 합격하였다(당시 500명 지원). 그 후 고등고시 사법과는 16회를 끝으로 1963년 2월 폐지되고, 1963년 9월부터는 사법시험제도로 개편되었다. 당시 「사법시험령」에 의하여 실시된 사법시험은 모법이 법률이 아니라는 점에서 많은 논란이 있었는데, 결국 2001년 3월 28일 「사법시험법」으로 격상되면서 행정자치부에서 법무부로 이관되어 법무부 장관의 관장 하에 오늘에까지 이르고 있다. 고등고시 행정과는 3급 을류(현 5급 해당) 공무원 채용시험으로 대체되었으며, 다시 행정고시·외무고시·기술고시 등으로 세분화되어 지금까지 고위직 공무원을 선발하는 중요한 시험제도로서 운용되고 있다.

비록 한두 해 정도는 현재 시행 중인 사법시험과 새로운 제도로서 법학전문대학원을 졸업한 자들에게만 자격이 부여되는 변호사시험이 병행될 수 있겠지만, 그동안의 사법시험 합격자 숫자는 현저하게 줄일 것이다.

법학전문대학원을 졸업한 후에 치르게 될 변호사시험에 대해서는 아직 정해진 내용이 없다. 그런데 가장 큰 문제는 변호사 시험의 합격자 비율이다. 현재 책정된 2,000명의 법학전문대학원 입학생들을 모두 합격시킬 리는 만무하고, 입학정원의 70% 또는 80% 정도를 합격시킨다고 하더라도 매년 400명 내지 600여 명의 학생들이 불합격 처리되는 불상사가 발생하게 된다. 일본의 경우를 고려한다면 합격률은 더 하락할 수도 있다. 앞으로 어떻게 결정되는지 그 추이를 지켜보아야 할 것이다. 변호사 시험의 합격자 수를 대폭 늘리지 않는다면 법학전문대학원에 입학한 학생들은 곧바로 시험 준비에 착수하게 될 것이므로 법학전문대학원의 설립 취지에 어긋나는 파행적인 학사 운영이나 교육이 이루어지지 않을까 우려하지 않을 수 없다.

법학! 어떻게 공부할 것인가? 2008. 4.

선생님의 법철학 강의를 회상하며

선생님을 처음 뵙게 된 것은 대학 4학년 1학기에 개설되어 있던 법철학 강의를 통한 것으로 기억된다. 1977년 당시 이미 선생님은 정년퇴임을 하신 후라 명예교수로 계시면서 학부의 법철학 강의를 맡아 하셨던 것이다.

비록 한 학기의 법철학 강의 시간을 통한 선생님과의 만남이었으나, 돌이켜 보면 20여 년이 세월이 흐른 지금까지 선생님에 대한 필자의 회상은 각별한 의미를 담고 있다. 특히 그간의 세월에 힘입어 이제 모교의 강단에 서고 있는 필자에게는, 비록 전공과 담당 과목은 다르지만 선생님의 학은은 귀중한 자양소로서 강의와 연구의 커다란 활력소가 되고 있음을 고백하지 않을 수 없다.

선생님을 회상하자면 가장 먼저 떠오르는 것은 언제나 흐트러짐이 없는 단아한 모습으로 늘 조끼를 받쳐 입으신 정장을 하시고 손잡이 없는 가방을 옆에 드신 모습이다. 선생님은 쉽게 근접할 수 없는 분위기의 위엄과, 우리가 선비정신이라고 불렀던 고매한 인품으로 말미암아 당시 우리에게는 존경의 대상이었다. 우리는 그때 가장 교수다운 분(?)으로 선생님을 제일 먼저 꼽곤 했었다.

그러나 선생님을 이야기하자면 강의와 학문에 대한 선생님의 진지한 자세와 경건함을 거론하지 않을 수 없다. 당시는 학기 초의 2~3주 정도는 의례히 강의가 진행되지 않는 것이 관례 내지 일종의 불문율처럼 되어 있었다. 대체적으로 3월 중순이 넘어서야 강의가 제대로 시작되었던 것이다. 4학년 강의는 특히 더 하였다. 그런데 법철학 강의는 그 관례의 예외에 속했다. 선생님께서는 개강 첫 주, 그것도 첫 시간부터 강의를 하신 것이다. 3년간의 실정법 해석학 공부에 넌더리를 치던 때라 "법철학"이라는 생소하고도 신선한 과목명에 매료되어 그리 많지 않던 학생들이 그저 분위기나 파악(?)하자는 실팍한 생각에 첫 시간에 들어가 본 것인데, 선생님은 본격적인 강의를 시작하신 것이다. 그런데 그 첫 시간의 강의 내용을 잊을 수 없다. 잊기는커녕 이제는 그 내용을 필자가 강의 첫 시간에 학생들에게 즐겨 이야기해주는 전유물처럼 되고 말았다.

첫 시간에 선생님은 대뜸 우리에게 "법이란 무엇이냐?"라고 하는 질문을 던지셨다. 그저 헌법, 민법, 형법, 상법 등의 조문 외우기에 급급하고 잡다한 학설을 소화해서 정리하기 바빴던 우리에게는 실로 신선한 충격이었다. 별 신통한 대답이 있을 리 만무한 우리에게 선생님은 이 문제는 법학의 알파(A)요 오메가(Ω)라고 할 만큼 어려운 과제임을 상기시켜주셨다. 그리고 어떠한 공부를 하든, 어떻게 생활하든 법이란 무엇인가 하는 이 문제를 마음속에 새겨보라고 강조하신 것으로 기억된다. 法이란 한자의 원래 고대 글자는 「灋」이라는 것도 이 시간에 처음 선생님께 배운 내용이다.

이어서 선생님은 법이란 인간이 만든 것이라고 생각하느냐, 아니면 원래부터 있는 것으로 보느냐, 아니면 저절로 이룩된 것이라고 생각하느냐, 어떻게 생각하느냐 라는 질문을 하셨다. 칠판에 "作", "在", "成" 글자를 차례로 적으신 후 우리를 둘러보시고, 하나하나 짚어가시면서 자신이 옳다고 생각하는 쪽에 손을 들게 하셨다. 그 모습이 마치 어제 일처럼 또렷하게 각인되어 있다. 학생들 대부분은 별생각 없이 "作"이나 "在" 쪽에 손을 든 것으로 기억된다. 그러자 선생님께서 말씀하셨다. 기차를 타고 서울을 갈 때나, 다른 곳에서 처음 만나는 사람마다 이 질문을 해보았는데, 역시 그 대답은 한결같이 지금처럼 법이란 사람이 만드는 것이라고 생각하더라고 하셨다. 다만 우연한 기회에 노산 이은상 선생에게 물어보았더니 그 양반은 한참을 생각한 뒤에 조심스럽게 말하기를, 법이란 원래부터 있는 것이 아니겠느냐고 답하더라고 하셨다.

그리고서는 이 "作", "在", "成"이 내포하고 있는 의미를 법실증주의와 자연법사상, 역사법학파와 연관지어 설명을 해 주셨던 것이다. 특히 인간이 법을 만든다고 생각할 경우에 그 전제하에서 야기될 수 있는 법실증주의의 폐단을 독일 나치의 유대인 탄압을 예로 들면서 지적하시던 모습은 무척이나 인상적이었다. 그 후 20여 년이 지난 지금 비록 과목은 다르지만 선생님의 허락 없이 강의 첫 시간에 학생들에게 그 내용을 되풀이 하고 있는 필자를 선생님은 너그러이 용서하시리라 믿는다.

또 하나 필자가 선생님의 허락 없이 도용(?)하고 있는 내용은 교과서나 기본 교재에 대한 개괄적인 분석과 비판적인 설명이다. 당시 법철학 과목의 기본 교재로 황산덕 교수의 「법철학강의」를 추천해주셨는데, 다음 시간에 책을 준비해서 갔더니 손수 책을 펼쳐 가시면서 전체적인 체계를 설명하시는 것이었다. 각 장과 절의 분량을 페이지까지 소상하게 밝히시면서 체계를 분석하시고 미비한 점을 지적하시며 보완되어야 할 내용을 역설하시던 모습이 지금도 눈에 선하다. 당시 우리가 알기로 교과서란 거의 완벽한 것으로서 각자가 읽어 보는 것이고, 강의는 그 편제를 무시하고 곧장 본론으로 들어가던 패턴에 익숙해 있던 우리에게는 하나의 신선한 충격임과 동시에 교과서를 비판하시는 그 자세는 경외롭기까지 했던 것이다. 이를 모방하여 필자 역시 강의 시간에 추천하는 기본 교재의 편제를 나름대로 분석하여 학생들이 공부하면서 유념해야 할 사항을 거시적으로 통찰할 수 있도록 조언을 해주는 것은 순전히 선생님의 강의 덕분이다.

이제 선생님을 회상하며 당시 강의 교재였던 황산덕 교수의 법철학강의 책을 펼쳐보니 이미 누렇게 퇴색한 종잇장이 그간의 세월의 흐름을 대변해준다. 특히나 이곳저곳에 끼워져 있는 선생님의 노트 내용을 보노라니 감회가 새로워짐을 억누를 수 없다. 선생님께서는 설명을 하시다가 중요한 테마가 나오면 필기를 권하셨다. 그 내용을 책 크기만한 백지에 정리하여 관련되는 부분에 끼워놓았는데, 지금 다시 꺼내 보니 진지하던 그 강의실의 분위기가 새삼스럽게 떠오른다. 필기된 내용을 보면, 아리스토텔레스의 정의론을 위시하여 스토아학파의 법사상, 토마스 아퀴나스의 법이론 등이 주를 이루고 있다. 기억컨대 당시 선생님은 스토아학파 등의 법사상에 각별한 애착과 관심을 가지시고, 에피쿠로스학파 등과 즐겨 비교하셨던 것으로 여겨진다.

또한 선생님을 기억할 때 빠뜨릴 수 없는 내용은, 기회가 있을 때마다 일본 문화의 범람을 걱정하시며, 일제 강점기에 끝까지 항거하여 창씨개명을 하지 않으셨다는 이야기를 무척 자랑스럽게 하셨던 점이다. 젊은 사람들이 똑바로 해야 한다고 힘주어 하신 말씀이 귀에 쟁쟁거리는 듯하다.

대학을 졸업하고 대학원을 다른 곳으로 옮기게 되어 비록 한 학기의 법철학 강의에 그친 선생님과의 만남이었지만, 선생님으로부터 받은 감회의 깊이는 여간 깊은 것이 아님은 필자만의 일은 아니리라.

　대학원에서 공부하던 시절, 법철학 관련 자료가 필요하여 선생님 댁을 방문하였을 때, 한복을 정갈하게 입으시고 사방이 책으로 둘러싸인 거실에서 정중하게 대해주시던 모습이 아직도 눈에 선하다. 경북법학회의 창립회원으로서 당시 명예 회원이시던 선생님께서 경북법학회의 정기발표회에 초청을 받아 특별히 참석하셨을 때, 마침 필자가 발표를 하게 되어, 효성여대에 있는 제자라고 큰절을 올린 것이 선생님께서 돌아가시기 1여 년 전으로 기억된다. 돌이켜 보니 생전에 자주 찾아뵙지 못한 불찰이 안타까울 뿐이다.

　지금 생각하니 선생님은 말로만 가르치신 것이 아니라 몸과 마음 전체로서 가르치셨다고 생각된다. 오늘도 선생님의 학은에 깊은 감사를 드리며, 학문에 대한 선생님의 경건함과 진지함을 되새기는 마음으로 필자의 무딘 강의록을 다듬어 본다.

桂堂 崔海泰博士文集, 1994.

평생 민중을 화두로 연구하신 선생님

　선생님을 처음 뵙게 된 것은 법학과 3학년에 개설된 「사회법」 강의 시간이었다. 1976년 당시 선생님께서는 정년퇴임을 앞둔 시기여서 그런지 강의 시간에 맞추어 학교에 나오셨고, 강의를 마친 후에는 학교에 머무르신 시간이 그다지 길지는 않았던 것으로 기억된다. 더구나 사회법은 2학점밖에 되지 않았기 때문에, 비록 사회법(1)과 (2)로 나뉘어 1년 동안 강의가 진행되었지만, 민법이나 형법 등 이른바 기본과목에 비하면 월등히 시간은 적은 편이었다.

　그렇지만 선생님께서는 외모부터 상당히 인상적이었고 또한 소탈한 성품이셨기 때문에 다른 어느 교수님보다 기억에 남는 부분이 많은 듯하다. 단구이셨지만 무엇보다도 콧수염이 특이했다. 어릴 때 시골에서 허연 수염을 휘날리시던 친척 할아버지들을 본 적은 있지만 콧수염만 달랑 기르신 분은 처음 본지라 실로 우습기도 하였다. 더구나 강의 중에 당시의 사회 여건상 언급하시기 어려운 내용을 말씀하시고 싶어 하실 때는 "마!마!마! ⌣" 하시면 손사래를 치시고 어물쩍 넘어가시려는 제스처를 취하시는 모습에서는 흡사 장난꾸러기 같은 친진무구함을 엿볼 수 있었던 것도 사실이다. 그러나 조금이라도 중요한 내용을 언급하실 때에는 왼쪽 손으로 오른쪽 팔꿈치를 잡으시고 오른팔은 'ㄴ' 모양으로 세워서 오른손으로 턱을 고이듯 하시며 사뭇 진지하게 말씀하시던 모습은 강한 인상으로 기억에 남아 있다.

　사실 당시 사회의 분위기를 감안할 때, 사회법을 전공을 선택하신 것부터 남다르다고 하지 않을 수 없다. 과목 명칭을 지금처럼 노동법으로 한 것이 아니라 사회법으로 명명한 것을 보더라도 대충 짐작할 수 있다. 또한 강의 준비에도 상당히 어려움이 많았을 터인데 선생님께서는 당시 이미 손수 집필한 사회법 교과서를 교재로 사용하고 계셨다. 더구나 선생님께서는 우리에게 척박한 노동 현실을 직시하고 그 대안을 모색할 수 있도록 이론적인 배경과 현실을 모두 알려주시려고 노력하신 것 같다.

그 중요한 징표 중의 하나로 노동 현장을 직접 방문할 수 있는 기회를 제공하신 것을 들 수 있다. 30년이 넘은 지금까지 마치 어제 일처럼 또렷하게 기억이 난다. 10월 중순 중간시험 후라고 생각되는데, 「대한방직」을 직접 방문하여 여공들이 방직기를 돌리며 일하고 있는 현장을 답사하는 시간을 가졌던 것이다. 그다지 많은 학생들이 참석하지는 않았지만, 공장 구석구석을 돌며 우리 스스로 노동 현장의 열악함을 몸소 체험할 수 있도록 배려하셨던 것이다. 당시 베이지색 바바리를 입으신 선생님께서 진지한 모습으로 별다른 말씀 없이 묵묵히 안내를 하셨던 모습이 기억난다. 강의실 내의 추상적인 이론적인 내용을 탈피하여 현실과의 접목을 시도한 참으로 중요한 강의를 하셨던 것이다.

또 선생님께서는 일본의 민법학자로서 「와카즈마 사카에(我妻榮)」보다 「스에히로(末弘 嚴太郞)」를 훨씬 높게 평가한다는 말씀을 입버릇처럼 자주 하셨다. 이미 민법 강의를 통해서 「와카즈마」는 일본 민법의 대가라는 사실은 익히 알고 있었지만 대학 3학년 학생들에게 「스에히로」라는 이름은 생소한 것이었다.

그 후 대학원에 진학한 뒤 민법을 전공하게 되면서 왜 그런 말씀을 하셨는지 어렴풋이나마 그 의미를 미루어 짐작하게 되었다. 평생 민중을 화두로 하여 연구하신 선생님의 성품으로 볼 때, 다분히 귀족적인 양상을 띠는「와카즈마 사카에(我妻榮)」의 인생관과 민법이론은 마음에 들지 않으셨을 법하다. 90세를 바라보시는 연세에 노익장을 과시하며 2001년도에 출간하신「우리 민중의 노동사」의 서문을 읽어 보면 선생님께서 민중에 대하여 얼마나 큰 열정을 안고 사셨는지 능히 짐작이 간다.

해외 출장 중이라 선생님께서 마지막 가시는 모습도 보지 못한 안타까움이 늘 가슴 한가운데 앙금이 되어 남아 있었는데, 때마침 이와 같은 기회를 받아 두서없이 선생님에 대한 단상을 정리해보니 아쉬움이 더 많아진다.

이 자리를 빌려 선생님께 큰절을 올립니다. 부디 평안히 쉬소서…

민중의 법 與民 李鍾河 선생, 2008. 2. 28.

터널이 길수록 빛은 더욱 밝은 법이다.

팝콘처럼 흩날리는 벚꽃 축제의 흥취도 잠시였고 벌써 캠퍼스에는 녹색의 향연이 전개되고 있다. 역동하는 생명의 힘을 과시하듯 연두 빛 여린 싹이 하루가 다르게 짙은 초록빛으로 변해가는 싱그러운 모습은 그저 바라보는 것만으로도 즐겁게 한다.

그런데 지금 연구실에 앉아 창 밖의 푸르고 청명한 정경을 바라보고 있는 마음은 한없이 무겁고 우울하기만 하다. 최근 졸업을 한두 해 앞둔 학생들의 잦은 학업 중단 사태 때문이다. 그 사유가 하나 같이 가정의 어려운 형편, 특히 어머니와 생활하면서 생계가 어려워지자 생활전선에 뛰어들기 위하여 할 수 없이 학기 중이지만 학업을 중단할 수밖에 없다는 절박한 사정들이다. 차마 직접 대면하기가 어려운지 일부 학생들은 이메일을 통해서 중간시험에 결시한 사유와 더불어 다시 복학하게 될 날을 기약하며 마지막 인사를 일방적으로 통고하는가 하면, 연구실로 찾아와 자신이 처한 상황을 설명하며 청강이라도 허락해 달라는 학생들도 한두 명이 아니다. 경제가 어렵고 살기가 힘들다고 하지만 그 사실을 제자들의 입을 통하여 절감하게 될 줄이야…

이미 작심하고 왔는데 인사치레의 말로 들릴 수 있겠지만, 학적은 그냥 두고 기말시험이라도 치르면 되지 않겠느냐고 대안을 제시해 보건만 며칠을 두고 고민하여 결정한 내용일진대 즉흥적인 내 얘기가 얼마나 설득력이 있을지 자신도 없다.

연구실을 나서는 학생들의 뒷모습을 바라보노라니, 옛날에 본

영화 한 편이 생각난다.

여자 스키선수로서 자질이 뛰어나 전국 대회마다 우승을 휩쓸며 이름을 날리던 중, 올림픽에 참가할 선수를 발탁하는 마지막 결승 대회에서 급작스런 사고로 하반신이 불구가 되는 엄청난 일을 겪게 된다. 화불단행(禍不單行)이라고 했던가, 사고 후 남자 친구는 떠나고, 새롭게 만나 큰 힘이 되어 주었던 사랑하던 연인마저 비행기 사고로 실종되는 불운이 겹치게 된다. 스키를 더 이상 탈 수 없음은 물론이고 평생을 휠체어에 의존해야 한다는 더 없는 좌절감에 삶의 의미마저 상실하고 한없이 방황하다가 끝내 이를 극복하고 초등학교 교사로 다시 부활하게 되는 감동적인 이야기로 기억된다. 낙엽이 수북이 쌓인 큰 나무 밑에서 천진난만한 아이들에 둘러 쌓여 행복한 미소를 짓고 있는 휠체어를 탄 주인공의 모습이 아직도 생생하게 기억에 남아있다. 어려움을 극복하는 과정도 과정이지만, 정작 하고 싶은 이야기는 그 주인공이 사고가 나기 전에 합숙 훈련을 받으면서 친구와 주고받은 말이다. 스키 대회마다 승승장구하고 있고 멋있는 남자 친구마저 두고 있다는 사실을 옆의 친구가 부러워하자 주인공은 대충 이런 요지의 말을 한다. 신이 내게 준 행복의 양이 한 단지라면 지금 나는 그 단지를 말끔히 비우고 있는 것이 아닌지 두렵다고 했다. 앞으로 내가 먹을 행복을 지금 한순간에 몽땅 먹어치우는 것이 아닐까 하는 걱정이었다. 바로 이 점이다.

지금 힘들고 어렵다면, 아직 내가 먹어야 할 행복은 한 단지 그대로 남아있다는 사실을 명심하자. 앞일은 어느 누구도 알 수 없고 젊다는 것은 그만큼 무한한 가능성이 있다는 사실을 잊지 말자. 누구에게나 기회는 오게 되어 있다. 적어도 세 번은. 이는 결코 막연한 이야기가 아니다. 나이 들어 과거를 곰곰이 되돌아보면 누구나 공감하게 된다. 문제는 평소에 얼마나 성실하게 준비되어 있었느냐 하는 점이 관건일 뿐이다. 혹시 운이 따르지 않는다고 불평할지 모른다. 운은 성공한 자만이 쓸 수 있다. 운이란 성공한 자가 너스레를 뜨는 겸양의 표현에 불과하기 때문이다. 패자가 운을 운운하는 나약한 모습은 보기조차 흉하다.

어두운 터널이 길면 길수록 그 뒤에 맞이하게 되는 빛은 더욱 눈부시게 마련이다. 긴 터널 끝에 맞게 될 눈부신 빛의 향연, 그 스포트라이트를 기대하며 우리 지금 결코 좌절하지 말자.

영대신문 2004. 5. 3.

ax+b=0 x=?

법학을 어떻게 공부할 것인가에 대한 질문을 던지면서 난데없이 방정식풀이에 관한 수학 문제를 제시하니 여러분들은 당황할는지 모르겠다. 또한 그동안 대학에 입학하기 위하여 고등학교 3년 내내 수능시험 준비할 때의 수학에 대한 악몽(?)을 떠올리게 하는 무심한 처사라고 힐난하는 자도 있을 것이다. 그렇지만 한번 진지하게 풀어 보자 $ax+b=0$일 때 x의 값은 얼마가 되는가?

아마 대부분 다음과 같은 수순으로 이 문제를 풀 것이라고 생각된다.

$ax+b=0$에서

$ax=-b$

$x=-b/a$

따라서 정답 $x=-b/a$

아마 의기양양하게 이런 쉬운 문제쯤이야 하며 호기 있게 정답을 쓰고 출제자를 자신만만하게 바라볼지도 모르겠다.

과연 위 답이 정답인가? 만약에 여러분들이 이렇게 이 문제를 풀었다면 다시 한 번 더 검토해 보길 바란다.

왜냐하면 위의 풀이로서는 만점 100점을 받을 수 없기 때문이다. 정확하게 풀이한다면 아마 100점 만점에 50점밖에 받지 못할 것이다. 이 문제의 정확한 풀이는 다음과 같음을 이미 간파한 학생도 많으리라.

$aX+b=0$일 때, x의 값은?

① $a \neq 0$일 때만 위의 답이 맞는 것이다.

즉 $a \neq 0$일 때, $ax=-b$, $x=-b/a$가 된다.

② $a=0$일 때는 다시 b가 0인가 아닌가에 따라

$b=0$일 때는 x=부정, $b \neq 0$일 때에는 $x=$불능이 된다.

따라서 정답은 $a \neq 0$일 때, $x=-b/a$.

$\qquad$ $a=0$일 때,

$\qquad$ $b=0$일 때는 부정, $b \neq 0$일 때에는 불능.

이 되는 것이다.

법학을 어떻게 공부할 것인가 그 방법론을 설명하는 첫머리에서 장황하리만치 이 간략한 방정식을 풀어 본 이유는 $a=0$이냐, 아니면 $a \neq 0$이냐를 구분하여 문제를 풀 수 있는 안목이야말로 바로 법학 공부의 기본이 되기 때문이다.

법학은 사회과학의 한 분야로서 절대적인 진리를 추구하는 학문이 아니다. 쉽게 예를 든다면, 예리한 흉기로 사람을 살해한 자에게 적용되는 살인죄(형법 제250조)는 그 형벌이 무죄로부터 사형까지 부과할 수 있는 넓은 폭을 지니고 있는 것이다. 그런데 심신장애 때문에 사물을 판별할 능력이 없거나 의사를 결정할 능력이 없는 자는 처벌하지 않으며(형법 제10조), 또한 자신이나 타인에 대한 부당한 침해를 막기 위하여 정당방위로서 발생한 살인도 처벌되지 않는다(형법 제21조). 따라서 구체적으로 어떠한 사실 상태에서 야기된 살인 사건인지 그 사실관계가 명확하게 파악된 다음에 유죄·무죄가 결정될 수 있고, 그에 따라 적정한 형벌이 부과되는 것이다. 이러한 수

순이 곧 법학의 기본이 되는 것이라고 할 수 있다. 사람을 살해했다고 해서 무조건 사형을 선고받는 것이 아니라는 이야기이다.

그렇다면 유죄냐 무죄냐를 구분 짓는 관건은 무엇인가? 이 문제가 바로 $a = 0$이냐, 아니면 $a \neq 0$이냐의 선택에 따른 결과가 되는 것이다. 바로 이러한 점이 법을 지칭하여 귀에 걸면 귀걸이 코에 걸면 코걸이라는 비아냥거림을 받게 되는 원인이라고 할 수 있다. 더 나아가서는 유전무죄·무전유죄라는 세간의 이야기도 모두 이와 같은 법학의 속성으로서 야기되는 구분의 포인트를 정확하게 이해하지 못하는 점에서 비롯된 것이라고도 볼 수 있다.

또한 이 구분을 예리하게 잘하는 변호사일수록 수입도 많게 될 것이라는 지적은 지나친 얘기가 될까? 즉 승소 확률이 높은 유능한 변호사란 결국 이 구분을 잘하기 때문이라고도 볼 수 있지 않을까? 상대방 측이 $a = 0$일 때를 지칭하여 주장하고 나온다면, 이쪽에서는 그에 대한 공방으로서 $a \neq 0$인 경우를 대비하여 맞서야 한다는 의미이다.

처음 법학을 접하고, 항차 사법시험 등 각종 시험 준비를 하고자 할 때, 가장 먼저 명심하여야 할 대목은 바로 이 구분($a = 0$이냐, $a \neq 0$)의 마인드를 가져야 함을 강조하고자 한다. 어떠한 경우이든 예컨대 그 분야가 민법이든 형법이든 어떠한 영역에 관한 것이든, 항상 문제를 보는 시각은 일방적인 시각($a \neq 0$만 생각하는 편협한 사고)이 아니라, $a = 0$인 경우도 살필 수 있는 객관성·형평성을 유지하여야 한다는 것이다.

이 혜안만 기른다면 일단 비교적 쉽게 법학을 정복할 수 있다는 기본기는 갖추었다고 자부해도 좋을 것이다.

다만 한 가지 주의할 것은 무조건 그 변수를 넓게 잡으라는 것은 아니다. 법학은 규범학이지 사실학이 아니다. 따라서 예상 가능한 모든 사실관계를 상정하여 문제에 접근하라는 이야기는 아니다.

예컨대 甲이 乙에게 1,000만원을 빌렸다고 하자. 3개월 후에 乙이 甲에게 빌린 돈 1,000만 원을 갚을 때, 이자를 주어야 하는가, 준다면 얼마 주면 되느냐?라는 질문을 생각해보자. 성급하게 이자를 주어야 한다든가 또는 줄 필요 없다는 답을 하기 앞서서 잠시 생각하여야 할 내용이 있다. 우선 기본적으로 甲과 乙 사이에는 금전소비대차계약(민법 제598조)이 성립된 것이다. 그리고 이자는 약정이자가 원칙이므로 甲과 乙이 이자에 관한 약정을 한 경우에는 이자가 발생하여 乙은 甲에게 이자를 지급할 의무가 있다. 그리고 그 이율역시 약정이율이 원칙이기 때문에 돈을 빌려주면서 이율에 관한 합의가 있었다면 그 이율에 의한 이자를 지급하면 될 것이고, 만약에 이율에 관한 아무런 합의가 없었다면 법정이율인 년 5푼(민법 제379조)에 의한 이자를 받게 되는 것이다.

이 경우에 이자 지급에 관한 약정이 있었느냐의 유무를 분석하는 작업이 바로 $a = 0$이냐 아니면, $a \neq 0$이냐를 판가름하는 혜안이라고 할 것이다. 이율에 관한 문제도 마찬가지이다. 그런데 여기에 대하여 甲과 乙이 친구 사이냐 부자지간이냐는 등등 무한대로까지 뻗어 나갈 수 있는 사실관계를 확대할 필요는 없다는 것이다. 법적 논점이 될 수 있는 분야에 한하여 그 다양성을 헤아릴 수 있는 지혜와 안목이 요구된다고 하겠다. 한 가지 더 예를 든다면 실종선고가 취소된 경우를 들 수 있다. 생사를 알 수 없는 상태가 일정한 기간(보통 5년) 계속된 경우에 일정한 자(잔존 배우자 등)가 가정법원에 실종선고를 청구하면 법원의 판결로 그 자를 사망한 것으로 간주하게 된다(민법 제27조, 제28조). 그래서 남아있는 배우자가 재혼을 했는데, 그 후 사망한 줄로 알았던 실종자가 살아서 돌아오게 되었다면, 과거의 실종선고를 취소하게 되고 그 결과 그 사이에 발생하였던 모든 관계가 소급해서 무효가 되며 원상 복귀하게 되는 것이 원칙이다(민법 제29조). 이 경우, 재혼한 그 배우자는 누구를 따를 것인가? 새로운 배우자인가 아니면 옛날 배우자인가? 기로에 서서 갈등하지 않을 수 없을 것이다. 이에 대한 답은? 아마 여러분들은 즉흥적으로 자신의 감성에 의거하여 새로운 배우자 또는 옛날 배우자라고 답할지 모른다. 그런데 이 문제는 그 배우자가 실종자의 생존한 사실을 알았는가(악의) 아니면 알지 못하였는가(선의)에 따라 결정되는 것이다(민법 제29조). 즉 선의냐 악의냐를 구분할 수 있는 힘! 바로 그것이 $a = 0$, $a \neq 0$이냐를 구분할 때 가능한 것이다. 명심할지어다. 성급하게 답변하기에 앞서서, 숨을 한번 크게 고르고, $a = 0$이냐 $a \neq 0$이냐를 구분할 수 있는 혜안을 기르도록 노력하여야 할 것을!

고시연구 2002. 4.

신발 정리하기·라면 끓이기·약도 그리기

첫째, 신발을 벗고 실내에 들어갈 때 돌아서서 벗어놓은 신발을 가지런하게 정리하고 들어서는가? 둘째, 잘 하는 요리가 하나라도 있는가? 거창한 요리가 아니라도 좋다. 하다못해 라면이라도 맛있게 끓일 줄 아는가? 셋째, 복잡한 시가지의 약도를 간결하고 명쾌하게 그릴 수 있는가?

이 세 가지 일에 자신 있다면 법학 공부는 조금도 걱정할 필요가 없을 것이다.

법학을 어떻게 공부할 것인가에 관한 방법론을 논하면서, 난데없이 웬 신발 타령, 라면 타령, 약도 타령이냐고 질책할지 모르겠다.

그 답은 간명하다. 신발을 정리하는 것과 적어도 라면이라도 끓이는 일, 그리고 약도를 그리는 작업은 법학을 공부하는 방법론과 밀접한 관련이 있기 때문이다.

우선 신발정리에 관한 이야기부터 해보자. 우리는 어려서부터 방이나 실내에 들어갈 때는 현관에서 신발을 벗어서 가지런하게 정리하거나, 아니면 신발장에 단정하게 넣어 두는 버릇을 기르기 위하여 상당한 교육을 받아왔다. 사실 가지런하게 정리된 신발은 보기에도 좋다. 물론 현대 전위예술은 이리저리 헝클어져 널려있는 신발에서도 색다른 미를 발견할지 모르지만, 평범한 우리에겐 단정하게 정리된 신발이 보기 좋다는 관념에 익숙해 있고, 신발을 가지런하게 정리하는 것이 올바른 행실이라고 알고 있다. 이 신발 정리와 법학은 어떠한 관계가 있을까?

그 답은 법학은 바로 정리의 학문이라는 점에서 발견할 수 있다. 우리가 대학에서 공부하고 있는 법학의 내용은 주로 해석학의 범주에 속하는 것이다. 물론 3학년이나 4학년 등 고학년이 되면 법사회학이나 법철학 법사학 등의 과목도 공부하게 되겠지만, 대학 4년 동안 공부하는 주된 내용은 법해석학의 내용을 크게 벗어나지 않는다. 즉 헌법이나 민법 형법 등 실정법상의 법률조문이 어떠한 내용을 어떻게 규정하고 있으며, 그 의미는 어떻게 이해될 수 있는지에 관하여 학계에서 전개되고 있는 여러 가지의 학설과 실제 사건에 적용된 판례의 내용 등을 중심으로 그 법리를 공부하게 되는 것이다.

구체적인 예를 들어 보면, 민법 제1조는 「민법의 법원」을 밝히고 있는 내용으로서, 「민사에 관하여 법률에 규정이 없으면 관습법에 의하고 관습법이 없으면 조리에 의한다」라고 규정하고 있다. 여러분은 민법 제1조가 규정하고 있는 위의 내용을 분석하고 해석한 내용을 공부하게 되는 것이다. 즉, 이 규정에서 말하는 법원이란 법의 존재형식을 의미하는 형식적 의미의 법원으로 해석한다는 점과, 그리고 이 규정에서 밝히고 있는 민법의 법원으로서 법률의 의미는 무엇을 의미하는지(이를테면 민법전과 특별법 이외에 명령과 규칙도 포함되는 개념인지 등) 또한 관습법과 조리란 무엇을 의미하는 것인지 그 개념과 인정근거 및 효력 등을 확정하는 해석론을 공부하며, 나아가 이 세 가지 내용은 법원의 구체적인 예로서 한정된 것으로 해석할 수 있는지 아니면 법률과 관습법 및 조리는 하나의 예시에 불과하므로 판례도 법원으로 인정할 수 있는지의 여부에 관한 해석론을 공부하게 되는 것이다. 그런데 이러한 내용을 산만하게 흐트러 놓아서는 제대로 이해가 되지 않을 뿐만 아니라, 공부한 내용을 올바르게 활용할 수 도 없을 것이다. 따라서 공부할 때, 그 내용을 일목요연하게 정리하는 작업은 중요한 의미를 띠게 된다. 신발장에 가지런하게 정리된 신발처럼 깔끔하게 정리된 해석론의 내용은 법학 공부에 유용하게 이용될 수 있다.

그러한 점에서 방만하고 난삽한 내용을 일목요연하게 정리한 sub-note의 주요성도 간과할 수 없다. 다만 타인이 정리해 놓은 sub-note를 그저 읽어가기보다는 자신이 스스로 중요한 논점을 신발장에 정리하듯 차곡차곡 정리하여 작성한 sub-note의 위력이 크다는 점은 두말할 필요도 없다. 모름지기 법학을 공부할 때에는, 신발을 정리하듯 중요한 논점이나 해석상 다툼이 많은 쟁점 등을 단정하고 가지런하게 정리하는 방법론이 중요하다는 점을 강조하고자 한다.

둘째, 요리하거나 라면을 끓이는 일이다. 요리할 때에도 순서가 있다. 하다못해 라면을 끓일 때에도 그 순서가 있는 법이다. 냄비에 물을 붓고 물이 끓을 때 라면을 집어넣고, 그 다음에 스프를 넣고, 그 뒤에 각자의 기호에 따라서 김치나 계란을 적절한 시기에 첨가하여 맛을 내게 된다. 이 순서를 마구 뒤섞으면 제대로 된 라면 맛을 낼 수 없을 것이다. 그렇다면 이 라면 끓이는 것과 법학을 공부하는 것에는 어떠한 관련이 있단 말인가?

법학은 논리의 학문이다. 법학은 논리의 학문이라는 점에서 그 순서를 강조하고자 하는 것이다. 라면을 끓일 때 나름대로의 순서가 있듯이 법학을 공부할 때에도 그 순서를 무시할 수 없다. 여기서의 순서란 어떠한 책부터 읽을 것인가를 선택하는 순서를 의미하는 것만은 아니다. 한 가지 논점에 대하여 공부할 때, 그 내용을 전개하는데도 차례가 있다는 것이다. 법학에서 가장 일반적으로 전개되고 있는 내용의 순서는 1. 의의(개념), 2. 요건, 3. 효과라는 방식이다. 즉 먼저 그 주제의 의의나 개념을 설명하고, 그 다음에 성립요건이나 효력발생요건을 설명하며, 이어서 그로부터 발생하게 되는 효과를 설명한다는 것이다. 이 순서가 바뀌면 혼란스럽고 그 내용이 뒤죽박죽 될 수 있으므로, 그 순서를 무시하여 효과를 먼저 설명하고 뒤에 요건을 설명하거나 의의를 맨 끝에 설명하여서는 안 된다. 다만 법학을 공부하는 것이 아니라, 특정한 주제에 관한 연구 결과로서 논문을 작성할 때에는 서론 부분에 미리 중요한 결론에 해당되는 내용을 소개할 수도 있을 것이다.

그러나 법학을 공부할 때에는 언제나 그 내용의 흐름에 따라 논리를 전개하는 순서를 명심하여야 할 것임을 강조하지 않을 수 없다. 다만 앞에서 지적하였듯이 이 순서란 공부하여할 분야의 순서를 의미하는 것은 아니다. 예컨대 민법을 공부할 때에는 반드시 민법총칙부터 시작하여 물권법을 거쳐 채권총론 채권각론을 공부한 뒤에 친족상속법을 공부하여야 한다는(민법전 편별 순) 것은 아니다. 오히려 민법을 좀더 쉽게 이해할 수 있는 방안으로서는 그 순서를 바꾸어 채권각론부터 공부하는 편이 유리할 수도 있다. 아니면 민법총칙을 공부한 뒤에 곧바로 채권총론이나 채권각론을 공부하는 방안도 생각할 수 있는 것이다.

끝으로 약도를 잘 그릴 수 있는가 라는 질문이다. 우리가 약도를 그릴 때에는 복잡한 시가지의 주택이며, 상가나 골목길 등 그 모든 것을 그리지 않는다. 도면에 나타내는 내용은 중요한 대형 건물과 대로를 적시하고 이를 중심으로 목적물의 위치를 간략하게 형상화한다. 법학을 공부할 때에도 바로 이 점이 중요한 의미를 갖게 되는 것이다.

우선 책을 읽을 때에, 읽은 내용 중에서 무엇이 중요한 논점인지 파악하는 능력이 중요하다. 약도를 그릴 때 목적지와 관련하여 중요한 건물이 무엇인지, 큰길이 어떤 길인지 잘 살펴서 방향을 설정하듯이, 그 주제와 관련된 중요한 논점이나 쟁점이 무엇인지 정확하게 가려내는 능력이 있어야 한다는 것이다. 아무리 책상 앞에서 장시간 법서를 열심히 읽어 나간다고 하더라도 한 페이지 한 페이지마다 중요한 논점을 제대로 파악하지도 못하고 읽는다면 그 무슨 소용이 있을까? 때문에 약도그릴 때, 중요한 건물이나 메인로드를 집어내듯이 법서를 읽을 때에도 중요한 논점을 제대로 집어 낼 수 있어야 한다는 것이다.

특히 이 부분은 구체적인 사례를 다루는 연습강좌에서 실로 위력을 발휘하게 된다. 갑과 을 또는 병이라는 권리주체가 중심이 되어 전개되는 여러 가지 유형의 가상적인 상황을 설정하고서, 그 피해자의 권리 구제 방안을 논하거나 가해자의 책임을 논하라는 유형의 case 문제를 풀 때, 가장 중요한 점이야말로 바로 그 사건의 논점을 찍어내는 능력이라고 할 수 있다.

요컨대 아무리 복잡하게 얽힌 사건이라도, 또는 그 내용이 아무리 장황하게 길다고 하더라도, 두려워하지 말고 그 사안의 논점이 무엇인지 그 내용만 정확하게 가려낸다면, 그 뒤에는 신발 정리하듯 가지런하게 정리된 법리를, 라면 끓일 때의 순서에 따라 차례차례 풀어나가면 되는 것이다.

고시연구 2002. 5.

어떻게 읽을 것인가? — 虛心 · 集心 · 聯心

　앞에서 법학은 논리의 학문이고, 정리의 학문이라는 점에 대하여 살펴보았다.

　또한 법학은 이해의 학문이기도 하다. 법학은 암기가 능사가 아니라 무엇보다도 이해가 선행되어야 한다는 것이다. 물론 내용에 따라서는 암기를 요하는 부분이 없지는 않다. 이를테면 기본적인 개념이나 의의는 반드시 외워야 할 내용이라고 할 수 있다. 그러나 영어 단어나 문장을 외우듯이 법전 내용을 달달 외워서 정복할 수 있는 법학은 아니라는 것이다.

　시골의 외딴 곳이나 산중턱에 움막을 짓고 혼자 들어가 면벽 수도하는 수도승처럼 상투를 틀어 올리고 외부와 단절된 세계에 살면서, 법전을 달달 외우다 못해 불을 붙여 활활 태운 뒤 그 재를 막걸리에 타서 마셔버려야 다 외웠다고 직성이 풀리는 식으로 공부하여 시험에 합격했다는 무용담은 이제 전설 속의 이야기로 치부된다.

　어떠한 내용이든 그 법리를 기본적으로 완전하게 이해한 다음에 외우더라도 외워야 한다. 이해하는 방법에는 여러 가지가 있을 수 있다. 우선 읽는 방법이 있겠고, 듣는 방법과 보는 방법도 있다. 법학을 공부하는데 비디오가 등장한 것은 벌써 한참 전의 일이다. 그런데 어떠한 방법이 가장 효율적이라고 할 수 있을까? 이른바 신세대에게는 멀티미디어 등 첨단 장비를 이용한 교수법이 귀에 쏙쏙 들어온다고 할지 모르겠으나, 어디까지나 기본적인 것은 자신이 직접 읽어야 한다는 점은 부정할 수 없는 사실이다. 수학을 공부할 때에도, 선생님이 칠판에 문제를 푸는 과정을 지켜볼 때는 확실히 알았다고 생각되지만, 그 뒤 실제 자신이 직접 그 문제를 풀어 보고 내 것으로 소화하지 못하면, 그와 유사한 형태의 문제는커녕 동일한 문제도 풀다가 막히고 만다는 너무나도 평범한 이치는, 법학을 공부할 때에도 그대로 적용될 수 있다. 아무리 명강의를 열심히 수강하였다고 하더라도 자신이 직접 읽지 않으면 큰 효과를 기대할 수 없다는 것이다.

그렇다면 어떻게 읽을 것인가? 여기서는 무엇을 읽을 것인가에 대한 문제는 일단 접어두기로 한다. 좋은 책에 대한 소개는 도처에서 하고 있기 때문이다.

어떻게 읽을 것인가에 관한 구체적인 방법론으로서는 나름대로의 경험에 입각하여 여러 가지 견해가 제기될 수 있겠지만, 우선 법학을 공부하는 목적에 따라서 달라질 수도 있다. 이를테면 법학을 학문으로서 연구하기 위한 목적으로 법서를 읽느냐, 아니면 사법시험 등 각종 국가고시를 겨냥하여 읽느냐에 따라 어느 정도의 차이는 있는 것이다. 왜냐하면 시험 준비란 밑 빠진 독에 한꺼번에 왕창 물을 퍼담아서 한순간이나마 그 독을 가득 채우는 일(곧 시험에 합격)이라고 한다면, 법학을 연구하는 자세는 한 바가지의 물을 한꺼번에 쏟아 붓는 것이 아니라 조금씩 조금씩 부어서 차근차근히 그 독을 채워나가는 끈기를 요하는 일이라고 할 수 있기 때문이다. 때문에 시험을 대비하는 자세로 책을 읽을 때에는, 별 실익도 없는 논점에 관한 불필요한 논쟁으로 정력과 시간을 낭비하는 소모전은 피하여야 한다. 톨스토이의 인생론 첫머리에 나오는 물레방앗간의 주인과 같이 결국 물레방아를 멈추게 하는 우를 범해서는 안 될 것이다. 물레방앗간 주인은 물레방아가 잘 돌아가도록 기계를 돌보면 될 일이지, 왜 물레방아가 돌아가는 것인지 그 근본 이치에 의문을 품고 이를 해결하고자 만사를 제치고 자꾸 캐나가 다 보면, 어느덧 물레방아는 뒷전으로 밀리고, 종국적으로는 물은 어디에서 오는 것인가라는 등의 본질을 벗어난 문제에 집착하게 되면서, 결국 방앗간은 문을 닫게 되는, 전혀 예기치 않은 결과가 발생하게 되는 것이다.

여기서는 우선 각 대학에서의 중간·기말시험은 물론, 사법시험 등 각종 국가고시를 염두에 두고서, 이러한 시험 준비를 목적으로 법서를 읽는다는 것을 전제로 하여 이야기를 진행하고자 한다.

일찍이 이상은(李商隱) 선생은 잡찬(雜纂)이라는 글에서 과거에 임하는 선비는 모름지기 허심(虛心)·집심(集心)·연심(聯心)이라는 三心을 가져야 한다고 하였다. 여기서 허심이란 시험을 친다는 압박감에서 벗어나야 한다는 의미이고, 집심이란 마음의 눈을 집중시켜야 한다는 의미이며, 연심이란 집심의 와중에서 연상력을 키워나가야 한다는 의미가 될 것이다.

이 三心은 오늘날 사법시험 등 각종 국가고시를 준비하면서 법서를 읽는 경우에도 그대로 적용될 수 있는 내용이라고 생각된다.

첫째, 마음을 비우고 읽어야 한다.

이 부분이 과연 시험에 나올 것인가 아닌가라는 고민 아닌 고민, 또는 이러한 내용까지 알 필요가 있을까 라는 비생산적인 회의 등 사소한 것에 집착하지 말고, 성실하게 읽어야 한다는 것이다. 요컨대 일단 모르기 때문에 배워야 한다는 입장에서, 모든 것을 받아들이겠다는 겸허한 자세로 읽어야 한다는 것이다. 뾰족한 산꼭대기에는 물이 고이지 않는다. 움푹 패인 웅덩이가 없는 한. 그러나 산

아래 계곡에 서면 내리는 빗물을 모아서 물을 가둘 수 있는 것이다. 특히 시험 준비에는 피라미드식의 공부 방법을 권한다. 일단 기본적인 내용으로부터 시작하여 기초가 되는 저변을 넓고 튼튼하게 다진 후, 점차적으로 중요한 내용으로 그 범위를 좁혀 집약적으로 읽어가는 방법이 주효할 것이다. 물론 시험의 압박감으로부터 해방된 홀가분한 마음을 가져야 되는 것도 虛心의 한 내용이라고 할 수 있다. 어쨌든 마음을 비우고 책을 읽어야 한다.

둘째, 마음을 집중해서 읽어야 한다.

이미 우리가 다 알고 있는 내용이지만, 사실 책을 읽을 때 어느 정도 그 내용에 몰두하였는지는 각자가 곰곰이 반성해 볼 일이다. 이는 하루에 몇 시간씩 공부했다는 양의 문제가 아니라, 어느 만큼 집중했는지의 질적인 문제와 직결된다. 비록 1시간 읽는다고 하더라도 일체의 잡념을 배제하고, 혼신의 힘을 기울여서 읽고 있는 그 책에 푹 빠져야 한다는 것이다.

일단 책상에 앉아서 법서를 펼쳐 읽기 시작했다면 심지어 화장실 출입도 자제하여야 한다. 그리고 한 페이지 한 페이지 그냥 책장만 넘길 것이 아니라, 한 페이지를 넘기기 전에 그 페이지의 중요한 내용이 무엇인지 되새겨보는 것도 의미 있는 일이다.

이제 절기가 입하를 지났고 여름이 성큼 다가왔다. 아무리 냉방기구가 잘 설치되었다고 하더라도 장시간 의자에 앉아 마음을 집중하여 책을 읽다가 화장실에라도 갈 양으로 벌떡 일어서면 속옷이 엉덩이에 찰싹 들어붙어 있기 마련이다. 그때 엉덩이 부분의 바지를 잡아당겨 맨살에 붙어 있는 속옷을 슬쩍 떼어 낼 때의 상쾌함! 그 기분이란 직접 경험하지 않은 자는 결코 알 수 없으리라. 그만큼 일정한 시간 지속적으로 집중하여 책을 읽어야 한다는 것이다.

셋째, 한 가지의 주제에만 머물지 말고 그와 관련된 내용을 연상하면서 읽어야 한다.

법학뿐만 아니라 다른 학문도 그렇겠지만, 민법을 예로 들더라도 별도로 고립된 영역이란 존재하지 않는다. 모든 내용이 서로 유기적인 연관을 맺고 있음은 책을 조금 읽었다면 이내 파악할 수 있을 것이다. 사실 이 부분은 이제 막 입학하여 법학을 공부하기 시작한 초학자에게는 어려운 주문이 될 수도 있다. 그렇지만 그러한 습관을 붙이도록 노력하여야 할 것이다. 이번 3월에 입학한 신입생들도 아마 지금쯤은 민법총칙상의 권리주체는 공부했을 것이므로, 그와 관련된 구체적인 예를 들어보기로 한다. 자연인의 권리능력이 발생하는 시기는 출생이 되고, 종기는 사망이 된다(민법 제3조). 이 부분을 읽을 때, 권리능력의 시기와 관련해서는 태아에게 권리능력이 인정되는 구체적인 경우를 연상해야 하며(불법행위로 인한 손해배상청구권, 상속 등), 또한 태아의 법적 지위와 관련하여 정지조건설과 해제조건설의 차이점도 머리에 떠올려야 할 것이다. 뿐만 아니라 민법상의 권리능력이 상실되는 실종선고제도와 사망은 의사표시의 효력에 영향을 미치지 않는다는 민법 제111조 2항도 연상하여야 할 것이다. 더 나아가 사망은 대리권의 소멸 원인이 되며(민법 제127조), 정기증여와 위임계약의 종료 사유(민법 제560조, 민법 제690조) 및 사용대차의 해지사유(민법 제614조)도 된다는 점까지 연상할 수 있다면 더 할 나위 없을 것이다. 특히 이러한 연상 작용은 연습 문제 등 case형(사례형)의 문제를 풀 때 그 위력을 발휘하게 된다.

또한 전체적인 윤곽을 조망하여 현재 읽고 있는 내용의 위상을 정확하게 파악하는 방법을 취함으로써, 숲과 나무 모두를 인지할 수 있도록 하여야 할 것이다.

그 밖에도 읽는 방법으로서 속독이 좋으냐 정독이 좋으냐 하는 점도 문제될 수 있다. 생각건대 이 문제는 각자의 취향에 따라 결정할 것이지, 반드시 어느 쪽이 우수한 방법이라고 일률적으로 판단하기는 어려울 것이다.

끝으로 책을 읽어 가면서 마구 밑줄을 긋는 행위는 삼갈 것을 권하고 싶다. 적어도 한 책을 2회독 이상 독파한 후에 비로소 색이 있는 펜이나 형광펜 등을 사용하여 중요한 부분에 밑줄을 긋거나 덧칠하는 정도가 바람직하다고 본다.

자! 이제 마음을 비우고 자리에 앉아, 일체의 잡념을 털어 버리고 오로지 펼친 책에만 집중하여 적어도 2~3시간 동안은 독서 삼매경에 빠져보고, 자리에서 일어서면서 엉덩이에 들어붙은 속옷이 맨살에서 슬쩍 떨어져 나가는 쾌감을 맛보기로 합시다.

고시연구 2002. 6.

부처형과 귀신형

어떠한 내용의 책이든 읽을 때는 집중을 하고 읽어야지 그 요지를 쉽게 이해할 수 있겠지만, 특히 법학 관련 서적은 읽을 때 집중을 요한다.

아침 일찍 도서관에 나와서 출입구로부터 멀리 떨어진 한 쪽 구석의 목 좋은 자리를 잡고, 민법이나 헌법 또는 형법 등 기본서와 법전 및 필기구를 책상 위에 가지런히 얹어 놓고 한 페이지 한 페이지 책장을 넘겨갈 때마다, 두 눈은 물론 모든 마음이 펼쳐진 책장을 향하고 있어야 한다는 의미이다. 한 손에는 연필이나 색연필 또는 형광펜 등 나름대로 선호하는 필기구를 들고 중요한 부분에 밑줄을 쳐가며 몰두해서 책을 읽는 모습은 보기에도 경건하며 그 분위기는 사뭇 엄숙해 보이기까지 한다.

주위가 잠시 어수선하더라도 전혀 아랑곳 하지 않고 오로지 읽고 있는 그 책의 내용에 듬뿍 빠져 몰입되어 있는 상태는 그야말로 무아지경의 경지라고 하지 않을 수 없다. 그렇게 한 두어 시간 이상을 몰두해서 중요한 내용에는 밑줄을 그으며 책을 읽다가 어깨가 무거워지는 듯한 느낌이 들 때쯤이면 잠시 눈을 들어 창밖의 풍광, 특히 녹색 풍경을 바라보며 휴식을 취할 것이다.

그러다가 영역표시를 하고 싶다는 본능적인(화장실에 가야한다는) 신호가 온다면 의자에서 일어나보라. 바지 속의 팬티는 엉덩이에 찰싹 붙어 있을 것이다. 남몰래 한손으로 지긋이 바지를 뗄라치면 땀으로 붙어 있던 팬티가 살에서 떨어지는 그 야릇한 쾌감! 이미 앞에서 소개한 바이다. 비록 한 시간을 투자하더라도 그처럼 무아지경의 경지에서 집중하여야 한다.

이러한 형태로 책을 읽고 공부하는 자들을 지칭하여 부처형이라고 한다. 주위에 이와 같은 유형의 친구나 선배 또는 후배가 있다면 유심히 살펴보라. 그들은 대부분 허리가 묵직하고 발목이 항상 어느 정도 부어있음을 발견하게 될 것이다.

차제에 도서관에서 자리를 잡고 공부하는 자들의 학습 태도를 분석해서 소개해보기로 한다. 자신은 과연 어떠한 유형에 속하는지 한 번 판단해보고, 적절하지 않다면 이 기회에 부처형으로의 변환을 시도해 보기 바란다.

먼저 위에서 언급한 부처형이 있다. 가장 바람직한 모습이라고 하지 않을 수 없으며, 반드시 가장 빠른 시간 내에 설정한 목표를 달성하게 될 것이다.

반면에 두 눈은 펼쳐 놓은 책 위로 가 있지만, 모든 신경, 특히 청각 신경은 완전히 분리되어 있는 자들이 있다. 때문에 책을 읽는 척(?) 하다가, 누군가 방문을 열고 들어서거나 나가는 기척이 있으면 고개를 번쩍 쳐들어 누구인지를 확인하여야 직성이 풀리는 유형이다. 문이 열리면 시도 때도 없이 고개를 위로 쳐들고 둘러보는 자들이다. 더욱 가관은 누군가 지나가면 고개를 들고 그렇게 둘러보며 자신 및 남들이 공부하는데 방해가 된다는 표정까지 짓곤 한다. 이러한 자들을 코브라형이라고 한다. 코브라처럼 고개를 번쩍번쩍 든다고 해서 붙여진 이름이다. 분명 두 눈은 책상 위에 펼쳐진 책에 고정되어 있지만, 두 귀는 항상 문 쪽을 향하고 있기 때문에 집중이 될 턱이 없고, 그 내용이 기억될 리 없다. 절대로 코브라형이 되어서는 안 된다.

다음에 소개할 유형은 허무형이라고 할 수 있다. 부지런하게 새벽 일찍부터 남보다 먼저 도서관에 나와서 좋은 자리를 잡는 것까지는 좋다. 문제는 그 다음부터 벌어지는 일들이다. 자리를 정리하고 책을 펼쳐 놓고 읽기 시작하는 것도 잠시, 곧 쏟아지는 잠을 주체하지 못하는 것이다. 한두 번 꾸뻑 꾸뻑 졸다가는 급기야 보던 책을 베개 삼아 두 팔로 끌어안고 꿈나라로 가버리는 형이다. 더욱 가관은 엎어져 자는 사이에 침이 베어 나와 밑에 깔린 책에 흘러내리기까지 한다.

그런데 이러한 유형에 속하는 자 들일수록 식사 시간은 용하게도 잘 챙긴다. 그렇게 침을 흘리며 자다가도 밥 먹을 시간만 되면 누가 깨우지 않더라도 스스로 용케 깨어나서는 부리나케 누구보다 먼저 식당으로 향한다는 점을 어떻게 설명할 수 있을까? 그리곤 오후가 되면 식곤증에 시달리다가, 또다시 오른 팔을 베개 삼고 왼팔은 쭉 뻗쳐 마치 슈퍼맨인양 편안한 자세가 나온다. 새벽 일찍부터 도서관에 왔지만 결국 하루 종일 잠만 자다가 밤이 되면 가방을 추슬러 귀가한다. 남들 보기에는 굉장히 열심히 노력하고 있는 듯하지만, 사실상 실속은 전혀 없는 이러한 자들을 지칭하여 허무형이라고 한다.

유사한 형태로서 귀신형도 있다. 아침 일찍 도서관에 나왔는지 책상 위에 책은 한 아름 펼쳐져 있는데 정작 하루 종일 책을 읽는 사람이 보이지 않기 때문이다. 분명 책은 펼쳐져 있는데 읽고 있는 사람은 보이지 않으니 실로 귀신 곡할 노릇이 아닐 수 없다. 이 귀신형에 속하는 자들은 대부분 아침엔 반드시 커피를 한 잔 마셔야

되는데, 커피 마시다 보면 친구 만나 자연스럽게 최근 스포츠 소식이나 연예계의 정보를 서로 교환하게 되고, 그러다 보면 점심시간 되고, 점심 먹은 뒤엔 소화될 동안 잠시 거닐어야 하는 등 도대체 책상에 앉아 있을 겨를이 없다. 아침부터 하루 종일 책상 위엔 책만 덩그러니 펼쳐져 자리를 지키고 있는 이러한 경우를 우리는 귀신형이라고 부른다.

이번에는 꼴볼견에 속하는 유형을 소개해보기로 한다. 먼저 도서관에 자리를 잡을 때 반드시 여학생 옆만 고집하는 부류가 있다. 이들은 특히 반바지나 짧은 치마를 입고 온 여학생의 옆자리나 앞자리를 선호한다. 일단 여학생 옆이나 앞에 자리를 확보한 다음 한동안 진지한 자세로 책을 읽는 척하다가 얼마 후 손에 잡고 있던 볼펜이나 연필 등 필기구를 책상 밑으로 슬쩍 떨어뜨린다. 그리곤 그 볼펜이나 연필을 줍겠다고 책상 밑으로 허리를 굽혀서는 옆에 앉은 여학생의 다리를 훔쳐보는 유형이다. 더욱 변태 같은 행동은 그 순간에 옆에 앉은 여학생의 다리털을 세기까지 한다. 우리는 이들을 두더지형이라고 부른다. 혹시 옆에 앉은 남학생이 시도 때도 없이 볼펜을 떨어뜨린다면 일단 의심하고, 바닥에 떨어진 필기구를 무참히 밟아 버려야 한다.

조금 다른 유형이긴 하지만, 마찬가지로 꼴 볼견에 속하는 유형으로서 남녀가 다정하게 같이 앉아 공부하는 경우가 있다. 그냥 보기에는 다정한 남녀가 서로를 격려하며 열심히 노력하고 있는 것처럼 보이지만, 실상은 전혀 다르다는 데 문제가 있다. 책을 읽는 척하며 남자의 손이 여자의 어딘가에서 꼼지락거리고 있는 것이다. 분위기 파악 못하고 도서관에 와서까지 티를 내는 이러한 자들은 접촉매니아형 또는 선천성밝힘형에 속한다. 당장 도서관에서 추방되어야 할 자들이다.

이 밖에도 자신의 고정석이 마련되어 있는 경우에 속하는 유형으로서, 좌석에 설치되어 있는 칸막이 위로 신문지 등을 덧붙여 높게 성을 쌓아 놓고 그 안에 들어가야 공부가 되는 양 으스대는 자들도 있다. 폐쇄형이라고 부를 수 있는 이들의 행태를 보면, 놀랍게도 그 높다란 성채 안에서 대부분 무협지나 만화책을 읽고 있더라는 것이 항간의 소문이다.

일단 자리를 정하고 앉으면, 모든 신경과 마음을 앞에 펼쳐진 책으로 집중하여 한 시간이라도 제대로 책을 읽을 때 실력은 쌓이게 될 것이다. 밤새 눈이 온 것도 모르고 자고나서 일어나 창문을 열었을 때 온 세상이 하얗게 변한 것을 보면 절로 나오게 되는 탄성과 같이, 집중하여 공부하다보면 실력은 자신도 모르게 소록소록 쌓여서 어느 날 느닷없이 합격이란 목표를 달성하게 될 것이다.

법학! 어떻게 공부할 것인가?

법이란 인간이 만든 것인가?

가을이 깊어 가는 이맘때쯤이면 캠퍼스의 잔디밭에서는 물론, 고즈넉한 산사나 암자의 구석방이나 일주문 밖에서 또는 치열한 열기가 식을 줄 모르는 고시촌에서도, 조금은 긴장이 풀린 채 삼삼오오 모여서 밤이 깊어 가는 줄 모르며 밑도 끝도 없는 논쟁으로 가을밤의 정취를 만끽하는 자리가 더러 마련될 것으로 짐작된다. 더구나 그 자리에 다년간의 수험 준비로 경력이 화려한 입심도 좋은 고참 선배나 원로(?)가 한두 명 있다면, 법학을 초월하여 정치·경제·문화 등 여러 분야를 넘나들며 해박한 이들의 지식이 침 튀기는 달변으로 이어지게 되면 잠시나마 시간의 흐름을 접은 채 몰입의 경지에까지 도달할 수 있는 행운도 얻을 수 있다. 물론 그러한 자리에 빠질 수 없는 소주라도 한 순 배 돈다면 분위기는 그야말로 점입가경이 될 것이다. 이렇게 해서라도 그동안 쌓인 스트레스를 어느 정도 풀 수 있다면 그 또한 도움이 아닐까 싶다. 이제 이러한 자리를 예상하고 말주변이 없더라도 누구나 스스럼없이 한 마디쯤은 거론할 수 있는 화두를 하나 던져볼까 한다.

「법이란 인간이 만든 것인가?」

사실 먼저 「법이란 무엇인가」라는 문제부터 풀어 보는 것이 올바른 순서라고 할 수 있다. 그렇지만 이 문제는 워낙 큰 주제가 되고, 종국에 가서는 인간이란 무엇인가라는 문제로까지 연결될 수 있는 견고한 고리를 가지고 있는 과제이기 때문에, 일단은 각자가 생각하고 있는 법, 자신의 마음속이나 머릿속에 각인되어 있는 법이란 개념을 전제로 하여 이야기를 풀어 가고자 한다. 그래도 또 그냥 넘기기엔 서운함도 있기에 항간에서 거론되고 있는 여러 가지 이야기 중에서 잘못된 부분만 바로 잡아본다는 의미에서 법의 개념을 음미해보기로 한다.

법의 개념과 관련해서 꽤 설득력 있는 것으로 일반인들에게 유포되어 있는 속설 중에서 가장 큰 오류를 소개하자면, 한자는 뜻글자임을 강조하여 「法」이란 글자를 분해하여 그 개념을 유추해내는 작업이다.

「法」이란 글자는 氵 + 去로 이루어져 있으므로 결국 법이란 물이 흐르듯 순리대로 흘러가도록 하는 것이라고 해석하는 논지는 그래도 애교로 보아 넘길 수 있는 여지도 있지만, 물이 흘러갔으니 건조하여 메마르고 딱딱한 것이 바로 법이라고 강변하는 입장은 문제가 있다. 즉 法이란 글자에서 나타나듯이 법이란 그야말로 물이 흘러 가버렸듯이 무미건조한 것이고 메마른 것이라는 전제하에, 아예 이렇게 딱딱한 법을 가까이 접하는 사람조차 감정도 없는 피도 눈물도 없는 자들이라고 몰아 부쳐서, 결국 법과 더불어 사는 사람들은 아무 재미도 없고 융통성도 없을 뿐만 아니라, 숫제 인생의 멋도 모르고 무미건조하게 살아가는 사람으로 매도해 버리는 경우도 있다. 프랑스의 풍자화가 도미에(H. Daumier)가 그린 사법풍자화야말로 그 대표적인 예라고 할 수 있다. 그러나 법학이라는 학문을 접한지도 벌써 30년을 코앞에 두고 있고, 대학의 강단에서 법학을 강의한지도 20년이 족히 넘는 필자에게 어느 누구로부터도 딱딱하기만 하고 멋도 모르는 사람이라고 단정하는 혹평은 아직까지는 들어 보지 못했다. 이러한 해석론에는 결코 동의할 수 없다. 이는 올바른 해석론이 아니다. 글자를 분석한다면 정확한 글자로써 해야 한다.

원래 法이란 글자는 氵+廌+去로 이루어진 글자이다. 廌(치)는 해태라는 상상의 동물로서 고대에서 재판할 때 부정직한 자를 뿔로 들이받고 간다(去)는 의미를 담고 있다. 설문법례(說文法例)에 의하면 이 법은 刑이라고 하여 법은 형벌을 가리켰다.

따라서 法이란 글자가 아니라 원래의 옛 글자를 놓고 그 뜻풀이를 한다면 법이란 항상 바른 것, 즉 모범이 되는 것을 의미한다고 볼 수 있다. 또한 혹자는 우리나라에서는 법의 고유어를 「본」이라는 말에서 구할 수 있다고도 한다. 文法이니 算法을 「말본」 「셈본」이라고 한다는 것이다. 이 역시 그 의미는 본보기, 즉 견본 모형 이상 등의 그 본이 되는 셈이다.

그런데 라틴어를 비롯하여 독일어나 프랑스 말에서는 법(ius, Recht, Droit)이란 글자와 권리(ius, Recht, Droit)란 글자가 똑같다는 사실도 그 의미를 심도 있게 논의해 볼 만한 가치가 있을 것이다.

자, 이제 본연의 과제로 다시 돌아오자. 법이란 인간이 만든 것인가? 좀 더 자세히 부연 설명하자면, 법이란 인간이 만든(作) 것인가? 아니면 법이란 원래부터 있는(在) 것인가? 아니면 법은 저절로 이룩된(成) 것인가?

사실 이 과제는 필자가 강단에 선 이래 늘 강의 첫 시간에 학생들에게 던지는 질문이고, 또한 장시간 여행을 하게 되는 경우에 옆자리에 앉은 처음 보는 동행자에게 예외 없이 던져보는 화두이다. 지금 돌이켜보면 1995년 가을 프랑스 파리에서 만난 미술사를 공부한다는 노처녀로부터만 유일하게 법이란 원래부터 있는 것이라고 생각한다는 답을 들었고(필자의 생각과 일치되는 의견을 개진하여 또렷하게 기억하고 있다), 그 외에는 거의 대부분, 이 질문을 받은 자들의 90% 이상 되는 사람들이 법이란 인간이 만든 것이며, 그 당연한 것을 공연히 묻는다는 식의 답변을 들은 것으로 기억된다. 물론 이따금 저절로 된 것이라는 주장을 하는 자도 있었지만 결코 주류는 형성하지는 못했다.

하긴 매년 12월 30일 정기국회의 회기 말이 되면 그동안 밀린 법령을 통과하기 위해서 법안이 통과되었음을 선포하는 의장의 방망이 두드리는 요란한 소리가 기나긴 겨울밤이 새도록 여의도를 메아리치는 우리의 현실을 돌아본다면 인간이 법을 만든다고 답하는 것은 당연지사인지도 모르겠다. 더구나 우리 민법 개정사를 들여다보면 이 점은 더욱 명확해진다. 법령 개정 안건을 미루고 미루다가 마지막에 무더기로 처리하다 보니, 개정 일자가 12월(13일, 29일, 31일)로 된 것이 무려 7회에 속한다. 그동안 우리 민법이 개정된 횟수가 모두 11번에 불과하다는 점을 감안하면 실로 놀라운 일이 아닐 수 없다. 이러한 현실은 민법에 국한된 문제가 아니다. 민법뿐만 아니라 상법이나 형법 형사소송법 등도 사정은 똑같다. 이 문제는 입법 정책상의 과제라고 하지만, 실로 우려되는 대목이라고 하지 않을 수 없다.

그런데 과연 법은 인간이 만든 것일까? 이 문제는 그렇게 쉽게 답할 수 있는 성질의 것이 아니다.

왜냐하면 그 답 이면에는 보다 큰 논제가 숨어 있기 때문이다. 법이란 인간이 만든 것인가라는 질문은 그야말로 빙산의 일각에 불과하다고 할 수 있다. 이와 관련하여 그 수면 밑에는 법철학적인 거대한 담론이 버티고 있는 것이다. 이제 그 베일을 벗겨보도록 하자.

먼저 인간이 법을 만든다고 주장하는 견해의 주된 논지는 정당한 절차를 거쳐 제정된 법은 모두 법으로서 효력이 발생한다는 것이다. 즉 인간의 이성에 의해서 정당한 절차를 거쳐 제정된 법은 그 내용에 관계없이 모두 법적 구속력을 갖게 된다고 한다. 따라서 실정법 이외에는 법이란 존재하지 않으며, 실정법에는 불법도 있을 수 없다는 것이 된다.

「아무리 나쁜 법률이라도 형식상 바르게 제정되었다면 구속력이 있는 것으로 인정해야 한다」는 베르그봄(K. Bergbohm)의 선언은 이를 단적으로 나타내고 있다. 법철학적으로 이러한 입장을 법실증주의라고 한다. 그런데 이처럼 인간이 정당한 절차에 따라 만든 것은 모두 법이라는 논지를 따르게 되면 악법도 법이라는 점은 분명해지기 때문에, 요컨대 악법에 대한 평가가 어려워진다는 비판을 면할 수 없다. 구체적인 예를 들어 보면, 제2차 세계대전 당시 독일 나치스 치하에서 자행된 유대인에 대한 엄청난 잔학행위는 당시 모두 법적인 근거를 두고 추진된 것인데, 법실증주의 입장에서는 이를 비판하고 대항할 수 있는 이론적 기반을 제공할 수 없다는 문제점이 제기되는 것이다.

반면에 원래부터 법은 존재하는 것이라고 한다면 이는 초월적인 그 무엇을 전제하여 법을 바라보게 된다. 즉 인간은 이성에 의해서 존재하는 법을 발견할 뿐이고 만드는 것이 아니기 때문에 실정법이라는 이유로 법이 정당한 것이 아니라 이미 존재하는 그 무엇(자연이나 본성)에 의하여 정당한 것으로 인정된다는 주장이다. 이를 자연법론이라고 한다. 우리가 즐겨 쓰는 「천벌」이라는 말도 이러한 입장에서 나온 것이라고 할 수 있다. 다만 이미 존재한다는 것의 내용과 모습의 다양성에 대해서는 수많은 논란이 있다. 이를 초월적인 신과 관련된 것으로 파악하거나 자연의 이치 또는 사물의 본성과 연관시키는 등 다양하게 그 내용이 전개되고 있다. 그러나 비록 그 내용은 여러 가지 입장에서 다양하게 주장되고 있지만, 저변에 있는 공통된 논지는 법이란 인간이 만든 것이 아니라 원래부터 존재한다는 것이다. 이러한 입장에 의한다면 악법의 기준이 명확해진다. 나치스 치하에서 자행된 유대인에 대한 잔학한 행위가 비록 합법이라는 너울을 쓰고 집행된 것이라고 하더라도 부당하다는 평가를 면할 수 없는 이론적 기반이 제공될 수 있는 것이다.

끝으로 법은 자연발생적으로 이루어진다는 입장은 추상적인 것을 혐오하고 구체적이며 가시적인 현상을 중시하는 입장에서 역사를 강조하게 된 역사법학파가 법을 바라보는 시각이다.

현 상황을 크게 나누어 본다면 법은 인간이 만든 것이라는 법실증주의와 법은 원래부터 존재하는 것이라는 자연법론으로 대분할 수 있는 양상이다. 그런데 이 둘은 서로 모순되는 것이므로 법실증주의를 거부하는 것은 곧 자연법론을 인정하는 것이 되고, 자연법을 거부하는 것은 곧 법실증주의를 인정하는 것이 된다. 물론 더 깊이 들여다보면 법실증주의인가 아니면 자연법론인가의 양자택일을 거부하고 제3의 길을 모색하는 견해도 있다. 독일의 형법학자 카우프만(A. Kaufmann) 같은 이는 법실증주의도 마다하고 자연법론도 마다한 채 제3의 길을 취할 것을 주장하고 있는 것이다(보다 자세한 내용은 호세 욤파르트 지음, 법철학의 길잡이, 참조). 자! 여러분은 어떻게 생각하는가?

법이란 인간이 만든 것인가? 아니면 원래부터 존재하는 것인가?

이처럼 법이란 인간이 만든 것인가라는 질문은 초월적인 그 무엇을 인정하느냐 아니면 부정하느냐의 갈림길에서 결단을 촉구하는 보다 큰 문제로 직결되는 과제이기 때문에 쉽게 답할 성질의 것이 아니다. 이는 곧 자신의 인생관과도 직결되는 과제라고 할 수 있다. 따라서 어느 입장이 옳고 그와 배치되는 다른 견해는 틀린 것이라고 단정할 수는 없다. 이 문제는 정답이 있는 것이 아니다. 자신의 가치관이나 인생관과 결부하여 법에 대한 자신의 입장을 정리해본다면 그것만으로도 족한 것이다.

　이 자리에서 법의 본질과 관련된 법철학적인 고담준론을 펼칠 의도는 조금도 없다. 깊어 가는 이 가을의 정취에 젖어 소모적인 논쟁을 벌이기보다는 법학도로서 한 번쯤은 자신의 법에 대한 태도를 정리할 만한 가치 있는 주제이기에 소개하는 것이니, 이 기회에 나름대로 정리해본다는 유익함도 있고 더불어 모처럼 긴장도 풀 수 있는 좋은 자리가 마련된다면 더 이상 바랄 것이 없다.

고시연구 2002. 11.

법적 사고(Legal Mind)란?

바람에 떨어지는 나뭇잎을 바라보며 무엇을 생각하는가?

아니 사법시험 1차 시험을 목전에 두고 눈코 뜰 새 없이 수험 준비하느라 불철주야 정신없는데, 한가하게 웬 나뭇잎 타령이냐고 타박할지도 모르겠다.

그렇지만 잠깐이라도 좋으니, 가던 길을 잠시 멈추고 바람에 떨어지는 나뭇잎을 바라보며 무엇이 생각나는지 한번 되돌아보기로 하자.

길바닥에 뒹굴고 있는 낙엽을 바라보노라면, 낭만적인 흥취에 젖어 낙엽 밟는 소리가 들리느냐고 채근한 어느 프랑스 시인의 시 한 구절이 생각날지도 모르겠고, 낙엽을 태우면 갓 볶은 커피 냄새가 난다고 한 어느 수필가의 글귀가 떠오를 수도 있다. 아니면 요절한 가수 김정호가 불렀던 가을 저녁 해질녘의 황금빛 캠퍼스 정경과 아스라히 잊혀진 얼굴을 떠올리게 하는 '날이 갈수록'이라는 애틋한 노래를 흥얼거릴지도 모른다. 또 상당 기간 시험 준비에 경륜이 쌓인 고참 수험생이라면 바람에 떨어지는 나뭇잎을 바라보며 또 한 해가 저문다는 조급함에 이번 시험에는 기필코 합격하리라고 각오를 새롭게 다지는 계기가 될 수도 있겠고, 비교적 여유 있는 자들은 진지하게 인생의 무상을 생각하며 은근히 밀려오는 허무감에 젖을 수도 있을 것이다.

그런데 법학을 공부하는 이른바 법학도들은 바람에 떨어지는 나뭇잎을 바라보며 무엇을 생각해야 할까? 혹시 이렇게 생각되지는 않는가?

「아! 이제 부동산이 동산으로 되는구나!」

법학을 공부하고 있는 여러분은, 이 가을에 바람에 떨어지는 나뭇잎을 바라보며, '아! 이제 부동산이 동산으로 변하는구나!'라고 읊조릴 수 있는가?

흔히 법학도들에게 가장 중시되는 것은 「법적 사고」를 가지는 것 즉, 법학도들은 「legal mind」를 함양하여야 한다는 점을 무엇보다도 강조하고 있다. 이 「법적 사고」란 무엇을 가리키는 것인가? 즉 「legal mind」란 어떠한 상태를 의미하는 것인가?

바람에 떨어지는 나뭇잎을 바라보며 이제 부동산이 동산으로 되는구나 하고 나직이 읊조리는 것은 과연 법적인 사고의 극치에 입각한 것이라고 할 수 있는가?

사법시험 1, 2차 시험에 합격하고 3차 면접시험에 응시했던 한 수험생에 관한 에피소드를 하나 소개할까 한다.

합격생이 약 20명 내외의 소수에 불과했던 과거 시절, 당시 3차 면접시험은 3명의 시험관 앞에 1명씩 앉아서 단독으로 구술시험을 치르게 될 때의 이야기이다. 수험생이 긴장된 모습으로 의자에 앉아서 수험번호와 이름을 밝히고 본인임을 확인하는 절차를 거치자마자, 한 시험관이 느닷없이 자신의 팔목을 들어서는 차고 있던 손목시계를 가리키며 「이것이 무엇인가?」라고 물었다는 것이다. 전혀 예상하지 못한 너무나 뜻밖의 질문에 당황한 수험생은 깊이 생각할 겨를도 없이 얼떨결에 「예, 손목시계입니다」라고 답을 했는데, 그 답이 시험관을 만족시키지 못하였는지 그 수험생은 결국 불합격하고 말았다는 전설 같은 이야기가 전해지고 있다. 시험관이 자신의 손목시계를 가리키며 이것이 무엇인가 물었을 때, 어떠한 답을 기대했을까? 아마도 그 시험관은 「예, 그것은 민법상 물건으로서 동산에 속하며, 시계와 시계 줄은 주물과 종물 관계에 있어서, 원칙적으로 시계를 처분하면 시계 줄도 그 법적인 운명을 같이 합니다. 그렇지만 종물은 주물의 처분에 따른다는 민법 규정은 임의규정으로 해석되기 때문에 당사자의 특약에 의하여 시계와 시계 줄을 별도로 분리하여 처분할 수도 있습니다. 운운…」, 이러한 내용의 답이 수험생의 입에서 거침없이 줄줄 나오기를 기대한 것은 아니었을까?

왜냐하면 그 시험관은 수험생에게 법적 사고(legal mind)의 유무를 극적인 방식으로 테스트한 것이라고 볼 수 있기 때문이다. 아마 여러분들은 이 이야기를 듣고서 반신반의하거나, 뭐 그런 문제가 다 있느냐고 반문할 수도 있을 것이다. 아니면 문제의 부당성(?)을 법적으로 해결하기 위해 소송을 준비하는 수험생이 있을지도 모르겠다.

아무튼 문제의 핵심은 언제나 모든 사물을 법적인 사고로 파악하여야 한다는 점이다. 때문에 법적인 사고에 익숙한 법학도라면 바람에 떨어지는 나뭇잎을 바라보면서 부동산이 동산으로 변하는 것이라고 생각 못 할 바도 아니다(물론 부동산인지 동산인지 학설상 논란의 여지는 있겠지만).

자! 그렇다면 법적인 사고란 어떠한 것이며 어떻게 함양하는 것인가? 법적인 사고의 핵심은 논리성에 있다고 할 수 있다. 법학은 논리의 학문이고, 논리가 생명이다. 그 행위가 「유죄인가 무죄인가, 또는 손해배상책임이 발생하는가 발생하지 않는가」라는 결론도 중요하지만, 그에 못지않게 중요한 의미를 가지는 것은 그러한 결론에 도달하기 위한 과정이다. 즉 일정한 결론에 도달하기 위한 일련의 과정에서, 그 해답을 구하기 위해 습득한 법률지식을 전개할 때, 동원되는 도구가 바로 논리성인 것이다.

이 지상강좌가 처음 시작될 때, 그 첫 회의 이야기는 '$ax+b=0$일 때, x의 값은 얼마인가'라는 질문으로 서두를 장식했었다(고시연구, 2002년 4월호). 그 질문의 핵심은 $a=0$일 때와 $a \neq 0$일 때를 구분하여 생각하는 것이었고 그 의미는 이미 지적한 바 있다. 이 역시 논리적인 것을 요구하는 소박한 예로 볼 수 있는 것이다.

이러한 점을 항간에서는 너무 따지는 것이라고 야속하게 생각할 수도 있다. 즉 법을 접하는 자들은 지나치게 따지는 것을 좋아한다는 핀잔이다. 그 부분은 어쩔 수 없이 감내하여야 할 법학도의 몫이다. 이는 곧 법학의 속성이기도 하기 때문이다.

따라서 어떠한 상황에서 어떻게 법이 적용되고, 그 법규정에 관한 해석론이 어떻게 전개되는지를 구체적으로 하나하나 논리적으로 규명하는 작업이 바로 법학을 정복하는 지름길이 된다는 사실을 직시한다면, 법학을 효율적으로 공부하는 방법도 쉽게 터득할 수 있을 것이다.

요컨대 습득한 법적 지식을 복잡한 사안에 적절하게 적용하여 논리적으로 전개할 수 있는 능력을 함양하여야 한다는 것이다. 그러기 위해서는 법률지식을 단순히 암기하는 단순작업만으로는 그 목적을 달성할 수 없다. 법학을 공부하는 것은 그냥 법률지식을 암기하는 것이 능사가 아니라는 점은 누차 강조하였다. 법학은 암기에 앞서 이해가 중시되는 학문이다. 물론 암기하여야 할 대목도 있다. 이를테면 개념 정도는 반드시 암기하여야 한다. 그러나 그 암기도 이해가 수반된 암기이어야 한다는 점을 결코 간과해서는 안 된다.

또한 그 핵심의 근저에는 바로 논리성이 자리잡고 있다는 사실을 명심하여야 한다.

　구체적인 예를 하나 들어보자. 여러분이 민법총칙을 공부할 때에 권리의 개념을 공부하게 된다. 민법상의 법률관계는 곧 권리·의무관계라고도 할 수 있으므로 권리라는 개념은 중요한 의미를 가진다. 일반적으로 권리란 「일정한 이익을 향유할 수 있는 법적인 힘」이라고 정의한다(법력설). 그렇다면 그냥 이대로 그 내용을 암기만 하면 되는 것인가? 그렇지 않다. 구체적인 예를 들어서 이해한 후에 위의 내용을 외워도 외우라는 의미이다. 즉 권리 중에서 물권의 중요한 예가 되는 소유권이란 권리를 놓고 본다면, 목적물을 사용하거나 수익하는 것이 일정한 이익을 향유하는 것이 되고, 그 목적물을 직접 지배할 수 있다는 것이 곧 법적인 힘을 의미하는 것으로 이해한 후에, 그 내용을 암기한다면 보다 명확하게 권리라는 개념의 실체를 알게 된다는 것이다.

　또한 법학은 형평성이 중시되는 학문이기도 하다. 변호사들의 옷깃에 달려 있는 변호사회의 배지에 천칭이 들어가 있다는 점은 법학의 속성을 함축적으로 시사하고 있는 것이다. 어느 쪽으로도 편파적이지 않고 논리적인 전개에 의하여 형평성을 유지할 수 있는 사고가 곧 법적인 사고를 의미하는 것으로 풀이할 수 있다.

　이러한 논리성과 형평성은 별안간 하루아침에 얻게 되는 것이 아니다. 평소에 관심을 가지고 부단히 노력할 때 비로소 어려움 없이 취할 수 있게 되는 것이다. 그 비결은 구체적인 실제 생활상의 예를 들어 확실하게 이해한 다음에, 관련된 법적 지식을 정확하게 사안에 적용할 수 있는 법적 사고력을 기르는데 있다. 그 힘은 집중력으로부터 비롯된다. 현재 읽고 있는 내용이 어떠한 부분에 관한 것이며, 무엇에 관하여 이야기 하고자 하는 것인지 정확하게 파악할 수 있어야 한다. 이는 집중하지 않고는 이룰 수 없는 내용이다.

또한 평소에 일상적인 생활 속에서도 어떠한 사물을 바라볼 때, 법적인 시각에서 파악하라는 점을 강조하고자 한다. 그 극단적인 표현이 바람에 떨어지는 나뭇잎을 바라보면서도 부동산이 동산으로 변하고 있다고 혼잣말로 읊조릴 수 있는 단계를 이야기 한 것이다.

예를 한 가지 더 들어보기로 한다. 국민적 소설로서 그 청순함과 순수함이 우리 가슴에 깊이 각인 되어 있는 황순원 작가의 '소나기'라는 작품을 누구나 다 기억하고 있을 것이다. 특히 그 마지막 장면에 나오는 소년의 아버지가 한 넋두리, ㅡㅡㅡ "이번 계집앤 어린 것이 여간 잔망스럽지가 않아. 글쎄, 죽기 전에 이런 말을 했다지 않아. 자기가 죽거든 자기 입던 옷을 꼭 그대로 입혀서 묻어 달라고……" ㅡㅡㅡ는 언제 들어도 우리의 가슴을 서늘하게 하면서도 아리게 만든다. 그런데 법적인 사고에 익숙한 법학도라면 이 소녀가 죽기 전에 마지막으로 했다는 그 앙증맞은 말에 감상적으로 되기 이전에, 과연 그 소녀가 유언 적령에 도달하였는지(민법 제1061조)의 여부를 살펴볼 수 있어야 하고, 죽을 때 입고 있던 옷을 그대로 묻어 달라는 주문은 민법상 유언 사항에도 속하지 않으며, 더구나 민법이 요구하고 있는 유언방식인 자필증서·녹음·공정증서·비밀증서·구수증서(민법 제1065조) 중 어느 것에도 의하지 않았으므로 결국 민법상 유언으로서의 효력이 발생하는 것은 아니라고 판단할 수 있어야 하지 않을까? 너무 따진다고 탓하기 전에, 요컨대 모든 사물을 대할 때, 법적인 사고와 안목에서 생각할 수 있어야 한다는 점을 강

조하다 보니 이처럼 극단적으로 표현하게 된 것으로 이해해 주기
바란다.

물론 이 자리는 결코 법적 사고가 어떠한 의미를 가지는 것인
지, 법철학적인 견지에서 학문적으로 그 내용을 분석하여 규명하고
자 마련된 것은 아니다. 오직 일상적인 생활 속에서도 법적 사고를
쉽게 터득할 수 있는 요령과 방법을 이야기하고자 했을 뿐이다. 그
목적도 간단하다. 보다 효율적인 법학 공부 방법론을 목표로 한다는
것이다. 공부 따로, 현실 생활 따로라는 관념으로 법학을 공부한다
면 사법시험에 합격한다는 고지에 오르기가 쉽지 않을 것이다. 공부
가 곧 생활의 일부가 되듯이 평소 일상생활의 체험 속에서 논리적
인 체계가 정연한, 법적인 사고에 입각한, 법적 판단을 거침없이 할
수 있는 계기를 스스로 마련하도록 부단히 노력하여야 한다.

올가을 여러분은 바람에 흩날리는 나뭇잎을 바라보며 무엇을
생각하는가?

고시연구 2002. 12.

법과 정의와 사랑

　일반적으로 법을 제정할 때에는 그 법률이 실현하고자 하는 목적을 밝히고 있다. 예컨대 「남녀고용평등과 일·가정 양립지원에 관한 법률」 제1조는 입법 목적으로서, 「이 법은 대한민국의 평등이념에 따라 고용에서 남녀의 평등한 기회와 대우를 보장하고 모성 보호와 여성 고용을 촉진하여 남녀고용평등을 실현함과 아울러 근로자의 일과 가정의 양립을 지원함으로써 모든 국민의 삶의 질 향상에 이바지하는 것을 목적으로 한다」고 명시하고 있다. 또한 「주택임대차보호법」의 경우에도 제1조에 「이 법은 주거용 건물의 임대차에 관하여 민법에 대한 특례를 규정함으로써 국민의 주거생활의 안정을 보장함을 목적으로 한다」고 하여 그 제정 목적을 밝히고 있는 것이다. 이처럼 개개의 법률이 직접 구현하고자 하는 목적은 그 대상 범위를 비롯하여 헌법의 이념을 중시하거나 법의 이념을 중시한다는 측면에서 상당히 구체적으로 규정되고 있다. 그렇지만 이러한 개개 법률의 목적이 모든 법률에 공통되는 일반적이고 보편적인 법의 목적이라고 보기는 어렵다.

　그렇다면 모든 법에 공통되는 일반적인 법의 목적이나 이념은 무엇인가? 이 문제는 결코 쉽게 답할 수 있는 것은 아니지만, 한마디로 표현한다면 단연코 법은 「정의의 실현」을 그 목적으로 한다고 할 수 있을 것이다.

　그런데 정의라는 이 용어 또한 추상적인 것인 만큼, 정의란 무엇인가라는 물음에 대한 답 역시 여러 가지 측면에서 다양한 가치관에 따라 다르게 주장될 수밖에 없다.

그렇지만 정의의 개념은 이미 아리스토텔레스에 의하여 모든 시대에 타당할 수 있는 개념으로 정립된 바 있다. 그 이후부터 정의는 평등을 의미하게 되었는데, 다만 그것은 모든 인간, 모든 경우에 동일한 취급을 의미하는 것이 아니라, 취급의 기준에 따른 상대적 평등을 의미하는 것이다. 이것은 사람이나 구체적인 경우의 다양성에 비례하는 취급 그 자체의 다양성을 의미하는 것이며, 절대적인 평등을 의미하는 것은 아니다. 취급의 균형이 잡힌 평등, 즉「각자에게 그의 몫을 주는 것(suum cuique)」을 의미하는 것이다. 이것이 곧 아리스토텔레스의 배분적 정의이다.

역사적으로 볼 때 법은 정의를 구현하기 위한 투쟁의 산물로서 발전하여 왔다고 할 수 있다. 법이 지배자의 일방적인 의사에 의하여 결정되고 집행됨으로써, 일반 민중이나 반대자를 탄압하기 위한 도구로 사용되었다는 어두운 역사도 있었으나, 이에 대하여 많은 사람들이 피를 흘리는 희생 하에 인권·자유·평등·생존의 보장 등을 추구해 왔던 것이다. 인권의 존중·자유·평등의 보장·생존권의 확보 등은 우리들의 행복한 삶의 기초가 되므로, 이제 이러한 내용들이 정의의 중심적 내용이 되어야 할 것이다. 그런데 정의의 여신은 눈을 가리고 한 손에는 저울을, 다른 한 손에는 칼을 들고 있다. 이는 무엇을 의미하는가?

정의는 심판의 대상인「사람」이 구체적으로 누구인가를 살피지 않는다는 의미이다. 오직 합리적인 권리와 이 권리를 가지고 있는 사람만을 보는 것이다. 따라서 정의는 누구에게든지 이해될 수 있고 이해되어야 하는 것이며, 어디까지나 현실적이고 공평하며 냉정하고 합리적이다. 즉 정의는 아무런 대가없이 거저 주는 일이 없다. 더하지도 않고 덜하지도 않고, 각자가 마땅히 차지하여야 하는 것을 그대로 그 몫으로 돌릴 뿐이다. 이를 두고 정의는 「~ 때문에」가 지배하는 영역이라고 한다. 이를테면 이러이러한 잘못을 범했기 「때문에」 그 몫으로 이러한 벌을 받아야 하는 것이며, 착한 일을 했기 「때문에」 그 몫으로 상을 받는다는 것이다.

그런데 우리의 삶은 행복을 추구하고 있다. 누구든지 행복할 권리가 있다. 즉 모든 국민은 인간으로서의 존엄과 가치를 가지며, 행복을 추구할 권리를 가지는 것이다(헌법 제10조). 그렇다면 법과 정의와 행복은 어떠한 관계에 있는 것인가? 과연 법은 우리에게 행복한 삶을 보장해주는 전령의 역할을 할 수 있는가? 행복은 무엇인가? 무엇이 우리를 행복하게 하는가?

독일의 낭만파 시인 칼 붓세(Karl Busse)는 산 너머 저쪽에 있다는 행복을 찾아갔다가 눈물만 머금고 돌아왔다고 했다. 아마 여러분들도 나름대로의 낭만에 젖은 분위기에서 한 번쯤은 읊조려 본 추억이 있는 시라고 여겨지기에 다시 소개해본다.

산 너머 저쪽 하늘 멀리
행복이 있다고 말들 하건만,
아, 남 따라 행복을 찾아갔다가
눈물만 머금고 돌아왔네
산 너머 저쪽 하늘 저 멀리
행복이 있다고 말들 하건만

그렇다! 행복은 아무 생각도 없이 그냥 남들 따라 가서는 절대 찾을 수 없는 것이다.

행복에 관한 「Priscilla Leonard[본명은 Emily P.Bissell(1861~1948년)]」의 영시 한 편을 더 소개하니 각자 잠시 음미해보기 바란다.

Happiness

Happiness is like a crystal,

Fair and exquisite and clear,

Broken in a million pieces,

Shattered, scattered far and near

Now and then along life's pathway,

Lo! Some shining fragments fall;

But there are so many pieces

No one ever finds them all

정녕 우리가 누릴 수 있는 행복이란 깨진 한 조각의 수정과 같은 편린에 불과한 것일까? 흔히들 행복이란 우리들 마음속에 있는 것이라고도 한다. 그렇다면 마음속에 있는 무엇이란 말인가?

마음속에 있다는 행복을 끄집어내서 그 보따리를 풀고 껍질을 한 풀 한 풀 벗기고 또 벗기면 결국 마지막으로 남는 것은 무엇일까? 행복이란 보따리를 풀면 마지막으로 남아 있는 것, 그 핵심은 바로 사랑이 아닐까? 행복은 곧 사랑이라는 등식관계가 성립하기는 어렵다고 하더라도 적어도 행복은 사랑에서 비롯되는 것이라고 본다. 사랑! 이 얼마나 감미롭고 좋은 이야기인가! 이 사랑의 세계에 들어설 때 비로소 우리 인간은 마음 놓고 쉴 수 있으며 안주할 수 있는 것이다.

자! 이제 우리의 관심사는 다시 사랑으로 넘어간다. 사랑은 정의와 여러 가지 점에서 다르다. 우선 먼저 사랑의 여신은 번잡스레 눈을 감고 저울과 칼을 들고 있는 정의의 여신과 달리, 간단하게 사랑의 표적을 향해 쏠 활과 화살만을 들고 있을 뿐이다. 사랑의 여신은 눈이 가려져 있지도 않다. 그러므로 사랑은 「○○야」하고 부른다. 그리고 사랑은 다른 사람들에게는 도저히 이해될 수 없는 것일 수도 있다. 정의처럼 모든 사람들이 이해할 수 있거나 또는 이해되어야 하는 것이 아니다. 또한 사랑한다는 것은 「 ~ 때문에」가 아니라, 오히려 「 ~ 함에도 불구하고」 사랑하게 된다는 점에서도 정의와 구별된다.

이처럼 서로 많은 다른 점이 있지만, 우리가 이 세상의 제도 속에 살아가는 한, 정의와 사랑 모두 없어서는 안 될 중요한 요소이다.

그런데 정의는 제도의 세계에 속한다는 점을 감안한다면 사랑을 정의란 통화로 변경하지 않으면 안 된다. 정의만이 제도의 세계에서 유통되는 법화(法貨)이기 때문이다. 즉 사랑의 사람이 제도의 세계에서 행동하지 않으면 안 될 때에는 그 사랑을 정의로 변경시켜야 한다는 것이다. 질서의 세계에서 정당하지 못한 사랑은 감상적인 사랑에 불과하다.

정의는 항상 사랑의 전제조건이 되는 것이고, 또한 반드시 되어야 한다는 의미이다. 사랑은 정의를 희생하거나 정의를 짓밟고 넘어갈 수 없다. 비록 사랑에 국경은 없을지 몰라도 적어도 사랑에 정의는 있어야 한다. 정의를 무시한 사랑은 사랑이 될 수 없다. 어떠한 미사여구로 미화하든 그 관계는 불륜에 불과하기 때문이다. 결국 사랑은 정의를 초월해 있으나, 정의를 통하여 정의를 완수하면서 초월하는 것이다. 때문에 이 세상에서 가장 두려운 것은 사랑과 결별한 정의라고 하였다(Ce qu'il y a de plus horrible au monde c'est la justice séparée de la charité).

사랑은 우리 삶의 기본원리이다.

Love our principle
Order our foundation
Progress our goal!   (A. Comte)

법의 폭력성

　　법이란 항상 정당한 것인가? 언제나 법은 약자의 편에 서서 정의를 구현한다고 할 수 있는가? 경제적 능력이 없을 뿐만 아니라 사회적으로도 힘없고 약한 자가 억울한 상태에 처하여 도움을 받고자 법에 호소한다면 법은 그 요청을 받아들여 흔쾌히 일거에 그 문제를 해결해 주는가?

　　오히려 법이라는 미명 하에 폭력이 자행되는 경우는 없는가? 이미 앞에서 '법이란 인간이 만든 것인가'라는 문제를 살펴볼 때, 독일 나치스 치하의 유대인에 대한 만행과 남아프리카공화국의 인종차별 정책 등이 합법성으로 위장하여 법의 집행이란 명분으로 자행되었음을 언급한 바 있다.

　　법의 기능을 살펴보면, 먼저 우리 인간들이 사회 공동생활을 할 때 지켜야 할 준칙으로서의 역할을 담당한다. 도덕은 인격적 완성을 목표로 하는 고차원의 규범으로서 높은 이상을 요구하지만, 법의 목적은 사회질서를 유지하며 평화적 공동생활을 가능하게 하는 데 있으므로 보통 사람이 지킬 수 있는 정도의 내용으로서 이른바, 행위규범으로서 기능을 하는 것이다. 또한 분쟁이 발생했을 경우에 그 분쟁을 합리적으로 해결하기 위한 잣대로서의 기능, 즉 재판규범으로서의 기능도 중요한 의미를 가진다.

　　따라서 법의 속성으로서 폭력성의 여부에 관한 문제는 크게 두 가지 측면에서 살펴볼 수 있다. 그 하나는 입법을 통해 자행되는 폭력성이고, 다른 하나는 법 집행 과정에서 야기되는 폭력성의 문제이다. 즉 정당한 절차를 거쳐 명문화되었다는 적법성을 앞세운 폭력과 실제 야기된 분쟁에 법을 적용하는 과정으로서 재판에 의한 폭력 등을 들 수 있는 것이다.

실제적으로 적용되는 실정법(實定法)은 일정한 형식적 요건을 갖추어 제정되어야 한다. 법실증주의자들은 이러한 측면을 강조하여 법이란 인간이 만든 것이라고 주장한다는 내용은 이미 앞에서 언급하였다. 물론 관습법도 중요한 법원으로서 기능을 하지만, 일반적으로 정당한 정치권력이 정당한 방법으로 법을 제정하여야 한다. 구체적으로 입법기관이나 입법 절차에 대해서는 실정법의 종류와 내용에 따라 사전에 객관적으로 예정되어 있다. 예컨대 헌법 제40조는 「입법권은 국회에 속한다」라고 규정한 뒤, 국회의원과 정부는 법률안을 제출할 수 있으며(헌법 제52조), 법률의 공포는 대통령이 한다는 점과 법률은 특별한 규정이 없는 한 공포한 날로부터 20일이 경과함으로써 효력이 발생한다(헌법 제53조)는 사실을 규정하고 있다. 또한 국회법은 법률안의 상정 시기(제59조, 제93조의 2)와 입법예고(제82조의 2) 등 입법 절차에 관한 내용을 밝히고 있다. 따라서 이와 같은 적법한 절차를 거치지 않고 공포된 법령은 법으로서 논할 여지가 없을 것이다.

그렇다면 국민들의 합법적인 투표에 의하여 설립된 정당한 정치 권력이 적법한 절차를 거쳐 공포한 법령은 언제나 정당한 것인가?

가장 큰 의문으로서 제기될 수 있는 과제는 사형제도이다. 우리 형법은 사람을 살해한 자를 살인죄로 단죄하여, 형벌은 최고 사형까지 부과할 수 있는 것으로 규정하고 있다(형법 제250조). 그 밖에도 내란의 죄(형법 제87조·제88조), 외환의 죄(형법 제92조~제96조 등)를 범한 자, 폭발물을 사용하여 사람의 생명을 해치거나 공안을 문란하게 한 자(형법 제119조) 등에 대하여도 사형을 선고할 수 있으며, 특별법으로서 「성폭력범죄의 처벌 및 피해자보호 등에 관한 법률」에서도 특수강도강간 등의 범죄에 대해서는 사형을 인정하고 있다.

이처럼 사형을 선고할 수 있는 법률 규정을 존치하고 있다는 점은 입법에 의한 법의 폭력성을 시사하는 징표가 되지 않을까? 무엇보다도 국가라는 명분으로 개인의 생명을 앗아갈 권한이 있는지 의문을 제기하지 않을 수 없다. 그동안 논의되어 왔던 사형제도의 문제점을 일일이 거론하지 않더라도, 근본적인 명제로서 과연 국가는 합법성이라는 명제를 기치로 개인의 생명을 박탈할 수 있는가?

사형제도의 존치를 부정하는 입장에서 본다면 사형제도야 말로 법의 폭력성을 적나라하게 드러내는 것이라고 단죄할 수 있을 것이다.

이제 재판에 의한 법의 폭력성 문제를 살펴보도록 하자. 설명에 앞서 1968년도에 실제 발생했던 이른바, 「20원 사건」을 소개하고자 한다.

「1968년 4월 28일 당시 코로나 택시를 운행하던 기사 甲은 서울의 원효로에서 김포공항까지 가는 승객을 태우고 차를 운행하였다. 공항까지 가는 길이 꽤 먼지라 두 사람은 차 안에서 이런저런 얘기를 나누게 되었는데, 승객은 중소기업을 경영하는 사장으로서 외국에서 온 바이어를 환송하고자 공항으로 간다는 사실도 알게 되었다. 무사히 공항에 도착하니 요금을 산정한 미터기에는 460원의 금액이 나와 있었다. 기사 甲은 공항에 오는 도중에 자신이 지불한 유료도로 통행료 20원을 합쳐서 480원을 요구하였다. 그런데 승객이 당시 통용되던 500원권 지폐로 지불하기에 기사 甲은 잔돈 20원을 준비해서 뒷좌석의 승객에게 전해주려는데 승객이 잔돈은 수고비로 그냥 가지라는 말을 남기며 바쁘게 택시에서 내려 공항 청사로 들어가 버렸다. 甲은 기분 좋게 차를 출발시키려고 하는데 공항 경찰이 다가와서는 차를 세우고 면허증을 제시할 것을 요구하였다. 이유는 방금 승객으로부터 600원 부당요금을 징수하였다는 것이다. 기사 甲은 기가 막혀 1시간을 소요한 끝에 그 승객을 찾아서 자초지종 설명을 하였지만, 경찰은 막무가내로 자신의 두 눈으로 확인하였다는 점을 고집하여 결국 딱지를 떼고 말았다. 甲은 너무나 억울하여 즉결재판을 청구하였는데 증인출석을 하지 못하는 바람에 1968년 5월 8일자로 벌금 5,000원에 운전면허정지 8일이 확정되었다. 甲은 다시 정식재판을 청구하기로 했다. 재판 진행 중에도 택시는 운행해야 했기에 주위의 조언을 듣고 재판계류증명서를 발급받아 운전면허정지 처분의 효력을 정지시키고자 하였다. 그런데 이 서류가 골치 아프게 되었다. 관할 경찰서로 가면 서울시에 제출하라고 하고, 서울시에 가면 관할 경찰서에 제출하라고 서로 미루는 바람에 지친 나머지 甲은 자신의 택시가 소속된 운수회사 사무실에 관련 서류를 맡기면서 처리를 부탁하고는 택시를 그냥 운행하였다. 그 와중에 경찰에 발각되는 불상사가 발생하여 운행정지 처분을 받은 택시를 운행했다는 이유로 28일의 운행정지라는 행정처분이 떨어졌다. 택시 영업은 하지 못하면서도 생활비랑 소송비용 등의 경비를 충당하자니 할 수 없이 90만 원에 구입했던 택시를 25만 원에 팔아 버렸다. 그 후 1969년 12월 26일 서울지방법원은 甲의 무죄를 선고

하는 승소 판결을 내렸다. 그런데 5일 뒤 검찰이 원심에 불복하는 항소를 제기했다. 승객에게 거스름돈을 내 주지 않은 것은 묵시적인 운전자의 요구라는 점이 항소이유였다. 1970년 12월 3일 선고된 2심판결 역시 甲의 승소로서 항소를 기각한다는 내용이었다. 그런데 검찰이 다시 대법원에 상고를 하였다. 택시 요금으로 甲이 500원권 1매와 100원 1매를 받은 사실을 목격하였다는 경찰의 증언은 무시당하고 일방적으로 택시 기사의 증언만 채택되었다는 것이다. 결국 1971년 2월 23일 대법원은 상고를 기각한다는 판결을 내렸다. 택시 기사 甲이 무죄라는 법원의 최종 확인을 받게 된 것이다. 돌이켜보면 1968년 4월 28일 공항에서 문제가 발생한 이후, 3년 만의 일이다.」

자! 이 글을 읽은 여러분의 마음은 어떠한가? 이루 말할 수 없는 안타까운 마음과 형언할 수 없는 분노가 치밀어 오지 않는가? 그동안 택시를 헐값에 처분하는 등 야기된 甲의 경제적인 손실은 말할 것도 없고, 3년이라는 시간이 甲에게는 얼마나 아까운 세월이 되었을까? 달랑 무죄라는 판결을 받기 위하여 택시 기사 甲이 치른 대가는 너무나 가혹한 것이 아닐까?

사실 우리 주위에는 이와 유사한 사안이 참으로 많을 것으로 추정된다. 선량한 시민이었던 택시 기사 甲처럼 법의 폭력에 의한 희생자는 숱하게 많지 않을까? 지금 이 순간도 법의 집행이라는 미명하에 법의 폭력에 대한 희생자로서 숨죽이며 남모르게 고통을 감내하는 자들이 있을 것이라고 생각하면 법학을 전공한 학자로서 결코 마음이 편치 않다.

재판이란 그런 것이다. 극단적인 이야기가 될지 모르겠지만 이솝의 우화를 빗대어 설명하고자 한다. 토끼 두 마리가 길에서 큰 빵을 하나 줍게 되었다. 둘이 똑 같이 나누어 먹고 싶은데 서로를 못 믿어서 선뜻 가르지 못하고 있는 차에 마침 길을 가던 여우를 발견하고는 여우에게 그 빵을 똑같이 둘로 나누어 달라고 부탁을 하게 된다. 흔쾌히 승낙한 여우는 빵을 둘로 쪼개는데, 나누어진 빵 중에 한쪽 덩어리가 더 커보이자 널름 한 입을 베물어 먹는다. 그러자 이번에는 다른 쪽 빵이 더 커보이자 또다시 그 쪽 빵을 한입 베물어 먹게 된다. 이러한 일이 여러 번 반복되자 결국 빵은 조그맣게 전락하고 만다는 이야기이다. 눈치가 빠른 여러분들은 이미 간파했을 것이다. 여우는 변호사를, 토끼 두 마리는 분쟁의 당사자를 의미한다는 사실을…

그럼 어떻게 하란 말인가? 사실 우리 조상들은 지혜롭게도 송사를 좋아하지 않았다. 관리의 치정 중에 아예 송사가 없다는 점을 높이 평가하는 기준으로 삼았던 것이다.

조선 시대 이덕함(李德涵)의 다음과 같은 시는 이를 단적으로 설명하고 있다.

空庭에 吏退 호고 印匣에 잇기 꼈다
太守 政淸호니 詞訟이 아죠 업다
두어라 聽訟이 猶人 흔들 無訟홈만 굿트랴(출전. 靑邱歌謠)

그 뜻을 풀어보면 이러하다.

사람이 없는 텅 빈 뜰에 관리들은 물러가고 도장을 넣어 두는 함에 이끼가 끼었다(관인을 찍을 일이 없을 만큼 사건접수가 없으니 무척 한가하다는 의미가 될 것이다).

태수의 다스림이 청렴하고 결백하니 민사 소송이 전혀 없다.

비록 소송을 듣고 재판을 하는 데는 자신도 공자와 같이 할 수 있지만 어찌 아예 소송이 없는 것만 하겠는가.

사실 無訟社會의 이상향을 동경하는 이러한 사상은 우리나라뿐만 아니라 중국이나 일본 등 仁을 강조하는 동양사상의 기본적인 태도라고 할 수 있다. 일본인으로서는 처음으로 프랑스에 법학을 공부하러 유학을 떠난 우메겐지로(梅謙次郎)가 1889년 프랑스 리옹대학(Université de France — Faculté de Droit de Lyon)에 제출한 법학박사 학위 논문의 제목이 「화해(La Transaction)」였다는 사실도 결코 우연이 아닐 것이다.

왜냐하면 재판을 기피하는 사회에서 선호하게 되는 분쟁 해결 방법은 조정이나 화해가 될 것이기 때문이다. 사실 재판은 아무리 공정하게 진행된다고 하더라도 어차피 일방은 승소하고 그 상대방은 패소하게 된다. 즉 이기는 측이 있는 반면에 반드시 지는 쪽이 발생하게 된다는 것이다. 재판에 승소한 자는 즐겁겠지만 재판에서 패소하게 된 자는 경제적인 부담과 함께 많은 상처를 받게 될 것이라는 점은 뻔한 이치이다. 재판에 지고 나서도 웃는 자가 어디 있을까? 이처럼 재판은 칼로 자르듯 명확한 결과는 낳지만, 그 후유증으로서 가슴에 멍에를 남기게 된다는 점에 문제가 있는 것이다. 이를 또 다른 측면에서 본다면 곧 법의 폭력성이 발현되는 것이라고 할 수 있다.

그렇다면 재판에 갈음하는 대안으로서, 당사자 모두에게 상처를 주지 않고 합리적으로 분쟁을 해결할 수 있는 방안은 어떠한 것이 있을까? 미국의 전통적인 인디안 부족사회에서 진행되고 있는 재판과정을 살펴보면 쉽게 그 해답의 실마리를 찾을 수 있을 것이다.

    미국 인디언 부족사회의 한 젊은이가 친구랑 시비 끝에 같은 또래의 젊은이를 살해한 사건이 발생하였다. 그 인디언 부족사회의 추장 이하 원로들이 모여 재판을 진행하였다. 검증 결과 그 젊은이가 직접 살해하였다는 사실이 입증되었고, 살인을 저지른 젊은이와 피살된 젊은이 모두 각 집안의 외동아들이라는 사실도 판명되었다. 그런데 이 사건에 내려진 재판 결과를 보면 우리로 하여금 참으로 많은 것을 생각하게 한다. 살인죄에 대한 응분의 대가로서 일정한 징벌적인 형벌을 과하는 것이 아니라, 살인을 저지른 젊은이는 피살된 자 집안의 양자로 입양되라는 것이었다.

    이 얼마나 놀라운 재판인가? 살인을 저지른 범죄의 대가로서 살해한 자에 대한 사형을 집행하거나 무거운 신체형을 과한다면 두 집안의 가족 모두에게 깊은 상처와 앙금을 남기게 될 터인데, 절묘한 방법으로서 두 집안이 화해할 수 있는 방안을 모색한 것이다.

    결코 법은 전능하지도 않을 뿐만 아니라 만능이 될 수도 없으며, 재판이 능사가 아님을 명심할지어다.

주머니 돈은 쌈짓돈이 아니다

"주머니 돈은 쌈짓돈!"

주머니 돈은 문자 그대로 주머니에 들어있는 내 돈이고, 쌈짓돈은 감춰둔 내 돈이지만 결국은 그 돈이 그 돈 아니겠느냐는 뜻으로서, 한 집안 식구의 것은 그 집안의 것이 되므로 누가 지니고 있거나 관리하든 간에 상관할 것 없이 결국은 마찬가지라는 뜻으로 이해되고 있는 우리의 속담이다.

특히 부부 사이에, "뭐 다 그런 거지요. 니 것 내 것이 어디 있어요? 주머니 돈이 쌈짓돈이지"라고들 쉽게 말하는 모습을 주변에서 종종 볼 수 있다. 그렇지만 과연 그럴까?

결국 그게 그거라는 의미에서 남편이 관리하거나 처분하는 일에 따지지 말고, 두루뭉술 얼렁뚱땅 넘어가자는 의미가 숨어 있는 것이 아닐까?

'부부는 일심동체(一心同體)'라고 하여 부부간의 화합과 합심을 강조하는 듯한 말이 있지만, 그 뒤에 숨어 있는 음모를 우리는 잘 알고 있다.

일심동체라고 할 때 누구의 일심이고 누구의 동체인가라는 점을 따져본다면, 그 일심은 단연코 남편의 마음이었고, 남편에 동화되는 한 몸을 의미하였던 것이 아닌가? 과거 영국의 전통적인 사회에서는 아예 그렇게 표현한 법언이 발견되고 있다. 남편과 아내는 한 몸(one person)인데, 그 한 몸이란 곧 남편이라는 것이다.

이제는 '부부는 일심동체'라고 해서는 안 된다. 부부는 이심이

체(二心異體)로서, 각자 독립된 주체로 인정되어야 한다는 의미이다.

부부는 두 사람의 독립된 인격이면서 혼인공동체라는 하나의 단위로서 기능하는 특수한 존재라는 점을 강조하지 않을 수 없다. 또한 혼인은 부부의 인격적인 결합인 동시에 필연적으로 재산의 결합을 의미하기도 한다.

혼인을 재산적인 관점에서 본다면, 부부는 남자와 여자라는 두 사람의 독립된 인격체가 혼인을 매개로 공동생활을 영위하게 되면서, 자연스럽게 각자의 재산이 결합되거나 혼합됨과 동시에 혼인 중 협력하여 형성한 재산을 부부 공동의 재산으로 여기며 사용하게 되는 관계라고 할 수 있을 것이다.

그런데, "주머니 돈은 쌈짓돈"이라는 속담에도 부부는 일심동체라는 말과 동일한 유형에 속하는 모종의 음모가 엿보인다는 것이다. 얼핏 보기에는, '남편 재산이 다 내 것이요, 내 재산도 다 내 것이러니'라고 여기며, 부부간에 재산 문제로 실랑이 하지 말고 화목하게 살아가라는 덕담처럼 생각할 수 도 있다. 그런데 인터넷상의 어느 블로그에서 다음과 같은 글을 발견하였다.

「결혼해서 살다보니
내 것이란 게 없다
모조리 다 남편 것이거나 아이들 것이다
처음엔 이런저런 생각도 없이 그냥 살았지만
그 세월도 어느덧 이십년이 되고 보니
요즘은 가끔 혼자 멍하니 나를 찾게 된다」

또한 몇 년 전에 맡았던 조정사건이 생각나기도 한다. 60대 초반의 아내가 남편을 상대로 이혼을 요구하며 재산분할을 청구한 사안인데, 그 배경을 알아보니, 사업하는 남편이 외간 여자와 바람을 자주 피우면서 상대방 여성에게 고급 승용차를 사주고, 아파트 전세금을 대주는 등 재산을 마구 탕진하는 탓에, 바람을 피우는 것이야 그래도 참을 수 있지만, 재산이 줄줄 샌다는 점은 노후를 고려할 때 도저히 불안해서 안 되겠더라는 것이다. 그래서 재산이라도 지켜야겠다는 마음에 할 수 없이 궁여지책으로 이혼을 생각하게 되었다는 것이다. 다행히 남편 명의로 된 재산의 상당부분을 아내 명의로 이전한다는 조건하에 조정이 성립되어 이혼을 피할 수는 있었던 것으로 기억된다.

우리 민법에 의하면, 혼인할 당시에 별도로 부부재산계약을 체결하지 않는다면, 법정재산제에 의하여 부부간의 재산 관계를 규율하게 된다. 그 내용은 부부별산제와 일상가사대리 및 일상가사연대책임, 생활비의 공동부담 등이 된다.

부부별산제에 의하면 부부가 각자 자기 명의로 재산을 소유하고 관리할 수 있다는 점에서, 원칙적으로 명의자를 권리자로 취급하는 기준을 갖게 된다.

이는 혼인을 공동체인 한 단위로 보기보다는 두 사람의 타인으로 취급하는 원칙에 입각한 제도라고 할 수 있다. 주머니 돈은 쌈짓돈이 아니라는 것이다.

특히 부부별산제는 배우자의 독립성이나 자유와 평등이 보장됨과 동시에 배우자 일방의 경제적 손실이 상대방 배우자에게까지 미치지 않을 수 있다는 점에서 장점을 가진다.

그렇지만 부부재산 관계에 관해서는 타인에게 적용되는 재산법원리가 적용되기 때문에 혼인공동체적인 요소가 반영되지 못한다는 단점이 있다. 즉, 권리자의 일방적인 재산 처분을 상대방이 저지할 수 없다는 한계가 있는 것이다.

재산상의 명의가 남편에게 집중되어 있는 경우라면, 가사 및 자녀 양육이라는 역할만 담당해온 이른바 전업주부에게는 매우 불리하다고 하지 않을 수 없다.

혼인 중에 취득한 재산이 남편의 명의로 되어 있다는 이유로, 남편이 일방적으로 재산을 처분하려고 할 때 그 부당함을 지적하여 처분을 저지할 수 있는 방법이 없다는 점이다. 이러한 부부별산제의 단점은 결국, 입법을 통하여 보완할 수밖에 없을 것이다.

혼인 중 취득하여 남편 명의로 된 재산이라도, 주거용 건물이나 건물에 관한 권리 또는 그 대지에 관한 권리 등을 남편(배우자 일방)이 처분하고자 할 때에는, 아내(상대방 배우자)의 동의를 얻어야 처분할 수 있도록 법률을 개정하는 것이다.

부부재산에 대한 별산제를 인정하되, 그 관리는 부부가 공동으로 관리하도록 공동관리제를 도입하자는 것이다. 부부는 일심동체가 아니듯이, 더 이상 주머니 돈이 쌈짓돈이 되어서는 안 된다. 그리고 혼인 중 취득한 재산은 그 명의가 누구로 되어 있던 부부가 공동으로 관리할 수 있는 제도적 장치를 마련하도록 하여야 할 것이다.

어느 영화 감독의 이혼 청구 사건을 보며

최근 지명도가 꽤 높은 어느 영화감독이 아내를 상대로 이혼을 청구한 사건이 TV와 신문 등 언론에 보도되면서 세간의 이목이 집중된 적이 있었다. 자신과 동갑내기인 아내와 딸을 두고 있는 H 감독(59세)이 2015년 9월 말 부인과 딸에게 '사랑하는 사람과 살고 싶다'는 말을 남기고 집을 나갔는데, 2017년 3월에 같이 영화를 촬영하던 배우 K씨(37세)와 '우리는 사랑하는 사이'라고 두 사람이 연인 사이임을 공개 선언하면서 화제가 되었었다. 그리고 2016년 11월 초 H씨가 30년을 함께 살아온 부인 C씨를 상대로 신청한 이혼 조정이 무산되자, 같은 해 12월 이혼 청구소송을 제기하였던 사안이다.

보도에 따르면 지난 6월 14일, H씨와 C씨의 양측 변호인이 참석한 가운데 재판을 진행한 서울지방법원 가사2단독은, H씨가 지난 3년여 간 지속해온 이혼 청구에 대하여 「기각」을 선고하였다. H 감독의 이혼 청구를 기각한 판결 내용의 주된 요지는 「H씨와 부인 C씨의 혼인관계가 파탄에 이르기는 하였지만 그 파탄의 주된 책임은 H씨에게 있으며, 유책배우자인 H씨의 이혼 청구를 예외적으로 허용하는 경우에도 해당되지 않는다」는 것이다. 즉, 「H씨의 부인 C씨가 오기나 보복적 감정에서 이혼에 응하지 않거나, H씨가 그 유책성을 상쇄할 정도로 부인과 자녀의 정신적 고통에 대해 충분히 배려했다고 볼 만한 특별한 사정이 없다」고 판시하였다. 주위에서는 H 감독이 위 판결에 불복하고 항소할 가능성이 높다고 예측하였지만, 예측과 달리 항소를 포기함으로써 이혼청구가 종결된 사안이다.

H 감독은 사회적 여건이 갖추어지면 다시 법원의 확인을 받겠다고 한다. 재판이 시작될 때부터 H씨는, '이미 아주 오래전부터 부부 사이가 파탄 났다'라고 주장하였지만, 아내 C씨는 '늘 하던 대로 열심히 내 일을 하면서 남편을 기다리고 있다'고 통화한 기자에게 털어놓았다고 한다.

이 H 감독의 이혼청구는 곧 유책배우자의 이혼청구가 된다. 유책배우자의 이혼청구를 허용할 것인가라는 문제는 오래전부터 논란이 되어온 해묵은 과제이다. 즉 배우자 일방의 부정행위(특히 남편의 다른 여성과의 불륜관계) 또는 정당한 사유 없는 악의의 유기(부양의무를 이행하지 않는 장기간 별거) 등으로 말미암아 혼인관계가 회복할 수 없을 정도로 파탄된 경우에 그 혼인파탄에 주된 책임이 있는 배우자(부정행위를 한 자 또는 악의의 유기를 자행한 자), 즉 유책배우자 측에서 먼저 이혼을 청구할 수 있느냐는 문제이다.

대체적으로 외국에서는 법원의 판결을 받아야 이혼이 허용되는 것이 일반적이지만, 우리나라의 이혼법은 협의상 이혼과 재판상 이혼을 모두 인정하고 있다는 점에 그 특색이 있다. 따라서 부부 쌍방이 이혼에 대하여 협의가 되지 않거나 협의를 할 수 없을 때에는 재판상 이혼을 청구하게 된다. 그렇다면 어떠한 경우에 국가(법원)가 개입하여 이혼을 허용할 것인가가 문제되는데, 재판상 이혼원인을 어떻게 규정할 것인가에 대하여는 유책주의와 파탄주의의 두 가지 입법주의가 있다. 유책주의란 부부 일방에게 책임이 있는 경우에 한하여 다른 일방이 이혼을 청구할 수 있다는 입장이고, 파탄주의는 책임과는 무관하게 혼인이 파탄에 이르게 되었다면 이혼을 청구할 수 있다는 입장이다. 우리 민법은 유책주의를 취하고 있는 것으로 해석되지만, 민법 제840조 제6호(기타 혼인을 계속하기 어려운 중대한 사유)는 파탄주의의 성격도 지니고 있다고 볼 수 있다.

파탄주의를 취하고 있는 법제 하에서는 혼인관계가 파탄되었다면 유책배우자의 이혼청구라도 별다른 문제가 되지 않지만(이혼이 허용됨), 유책주의의 입장을 취할 때에는 유책배우자의 이혼청구 허용 여부가 문제된다. 우리나라의 판례는 기본적으로 유책배우자의 이혼청구를 허용하지 않고 있는 입장이다. 즉, 혼인의 파탄을 자초한 자에게 이혼청구권을 인정하는 것은 혼인제도가 요구하고 있는 도덕성에 근본적으로 배치되고 배우자 일방의 의사에 의한 이혼 내지는 축출이혼을 시인하는 부당한 결과가 되기 때문이다(대법원 1987. 4. 14. 선고 86므28 판결).

이처럼 유책배우자의 이혼청구에 대하여 비교적 엄격한 입장을 취하던 대법원이 근래 유책주의를 다소 완화하는 추세로 변하고 있다. 즉, 부부관계가 파탄에 이르게 된 데 대하여 이혼을 청구하는 당사자뿐만 아니라 상대방에게도 책임이 있는 경우에는 상대방에게 이혼의사가 없더라도 이혼을 허용하여야 한다는 등 유책배우자의 이혼청구를 인정하는 범위를 좀 더 넓게 파악하고 있다. 상대방이 오로지 오기나 보복적 감정에서 표면적으로 이혼에 불응하고 있기는 하지만 실제에 있어서 혼인의 계속과는 도저히 양립할 수 없는 행위를 하는 경우에까지 이혼을 거부할 수는 없다는 것이다. 특히 2015년 9월 15일 선고된 대법원 전원합의체 판결(2013다568)은 유책배우자의 이혼청구는 원칙적으로 허용되지 않지만, 예외적으로 유책배우자의 이혼청구가 허용될 수 있는 경우를 밝히고 있어 주목된다. 즉,「상대방 배우자도 혼인을 계속할 의사가 없어 일방의 의사에 따른 이혼 내지 축출이혼의 염려가 없는 경우는 물론, 나아가 이혼을 청구하는 배우자의 유책성을 상쇄할 정도로 상대방 배우자 및 자녀에 대한 보호와 배려가 이루어진 경우, 세월의 경과에 따라 혼인파탄 당시 현저하였던 유책배우자의 유책성과 상대방 배우자가 받은 정신적 고통이 점차 약화되어 쌍방의 책임의 경중을 엄밀히 따지는 것이 더 이상 무의미할 정도가 된 경우 등과 같이 혼인생활의 파탄에 대한 유책성이 이혼청구를 배척해야 할 정도로 남아 있지 아니한 특별한 사정이 있는 경우에는 예외적으로 유책배우자의 이혼청구를 허용할 수 있다」는 것이다. 위 전원합의체판결은 7인의 대법관이 위와 같은 다수 의견을 취하였지만, 6인의 대법관은 유책배우자의 이혼청구라는 이유만으로 민법 제840조 제6호 이혼사유에 의한 재판상 이혼청구를 제한하여야 할 필요는 상당히 감소하였다는 전제하에, 「혼인파탄에 책임이 없는 배우자에 대하여 재판상 이혼을 허용할 경우에도, 혼인관계 파탄으로 입은 정신적 고통에 대한 위자료의 액수를 정할 때에 주된 책임이 있는 배우자의 유책성을 충분히 반영함으로써 혼인 해소에 대한 책임을 지우고 상대방 배우자에게 실질적인 손해 배상이 이루어질 수 있도록 하며, 재산분할의 비율·액수를 정할 때에도 혼인 중에 이룩한 재산관계의 청산뿐 아니라 부양적 요소를 충분히 반영하여 상대방 배우자가 이혼 후에도 혼인 중에 못지않은 생활을 보장받을 수 있도록 함으로써, 이혼청구 배우자의 귀책사유와 상대방 배우자를 위한 보호 및 배려 사이에 균형과 조화를 도모하여야 한다」는 반대의견을 피력하였다.

결혼할 때에는 어느 누구도 이혼을 생각하지 않겠지만, 살다 보면 이혼을 고려할 수도 있다. 이때 부부 사이에 원만하게 협의가 된다면 별다른 문제없이 이혼이 성립되겠지만, 협의가 되지 않을 때에는 부득이 국가(법원)가 개입하지 않을 수 없다. 국가가 개입하여 이혼을 허용함으로써 이혼을 원하지 않는 당사자에게 이혼을 강요하게 될 때에는 무엇보다도 그 당사자가 충분한 보상을 받을 수 있도록 일정한 조치를 취하여야 할 것이다. 그 방법으로서 가장 효과적인 것은 경제적인 배려라고 본다. 특히 유책배우자의 이혼청구를 허용하게 될 때에는 더욱 그렇다. 왜냐하면, 사랑에는 국경은 없을지언정 정의는 내재하고 있어야 하기 때문이다. 사랑은 정의를 짓밟고 설 수 없다. 정의를 짓밟고 들어선 사랑은 불륜에 불과하다. 사랑이라는 미명하의 불륜 때문에 가정을 파괴하고 이혼을 강요하는 자에게는 그에 상응하는 응징이 따라야 한다. 따라서 유책배우자의 이혼청구를 허용하려면 그 전제로서 이혼 후 상대방에 대한 부양의무를 부담하도록 하는 등 일련의 조치가 있어야 할 것이다. H 감독의 아내(가족)에 대한 경제적인 배려(보호)가 궁금해지는 까닭이다.

배우자 상속제도는 개선되어야 한다

2000년대 들어서면서 우리나라의 가족법은 괄목할 만한 발전을 거듭한 것으로 평가될 수 있다. 무엇보다도 2005년도의 민법개정에 의하여 호주제도가 폐지된 점은 한국가정법률상담소의 숙원사업 중의 하나였던 해묵은 과제가 해결된 쾌거라고 지적하지 않을 수 없다.

민법전 상에서 호주와 관련된 규정이 전면 삭제됨으로써 이제 민법상의 가부장제 가족제도는 완전히 붕괴되기에 이르렀고, 이를 기반으로 양성평등 규정의 확충을 도모할 수 있는 기틀을 공고하게 할 수 있었던 것이다.

그 이후 2007년도에는 협의이혼제도를 보완하여 숙려기간제도를 도입하였으며, 자녀의 복리실현에 중점을 두고, 부부가 협의이혼을 하려고 하는 경우에는 자의 양육에 관한 사항을 협의하도록 하여 자에 대한 양육책임을 강화하였다. 또한 재산분할청구권 보전을 위한 사해행위취소권 제도도 신설되었다. 부부 중 당사자 일방(남편)이 다른 일방(아내)의 재산분할청구권행사를 회피할 목적으로 재산의 일부나 전부를 타인에게 처분하였다고 하더라도 다른 일방(아내)은 채권자취소권제도를 준용하여 그 법률행위를 취소하고 원상회복할 것을 가정법원에 청구할 수 있다는 내용이다. 그리고 친양자제도를 도입하여 입양제도도 개선하였다.

이와 같은 입법상의 개선책에 동조하듯이, 가족법 분야에 관한 대법원 판례의 경향도 일정한 변화의 흐름이 있음을 발견하게 된다. 몇 가지 구체적인 사례를 들어보면, 여성에게도 종중원의 지위를 인정한 점은 양성평등을 지향하는 대법원 판결의 태도 변화를 확실하게 반증한 것이라고 할 수 있다. 또한 자녀의 복리실현에 보다 많은 관심을 가지고 있다는 점도 발견된다. 이혼 후 자녀의 친권자 및 양육자 지정에 관한 판례에서, 자녀의 복리를 구체화하는 기준을 제시하고 이를 실제 사안에 적용함으로써 자녀의 복리에 최대한 부합하는 결정을 내리려고 노력하는 면모를 엿볼 수 있는 것이다. 뿐만 아니라 이혼과 관련해서도 유책주의를 완화하려는 경향의 흐름을 감지하게 된다.

이처럼, 이제 친족법 분야에서는 제도적인 측면에서의 법제상으로나, 실제 사안에 적용되는 판례상으로나 어느 정도 양성평등을 실현하게 되었고, 이에 따라 여성의 지위가 점차적으로 향상되고 있다는 변화의 추세를 읽을 수 있다.

그런데 부부간의 재산관계에 관한 법제 내지 판결의 내용을 살펴보면, 아직 문제점이 산적해 있음을 지적하지 않을 수 없다. 특히 그 중에서도 상속법과 관련하여 제기되는 배우자의 상속분에 관한 문제는 반드시 개선되어야 할 과제이다.

현행 상속법관련 규정(민법 제1009조 제2항)에 의하면, 배우자의 상속분은 직계비속과 공동으로 상속하는 때에는 직계비속의 상속분의 5할을 가산하고, 배우자의 직계존속과 공동으로 상속하는 때에는 직계존속의 상속분의 5할을 가산하는 것으로 되어 있다.

이러한 상속규정에 따르면, 자녀가 하나도 없거나 직계존속이 없는 배우자의 경우에는 단독으로 상속받게 되지만, 자녀가 있거나 직계존속이 존재한다면 그 공동상속인의 수에 따라 배우자 상속분이 달라질 수 있게 되는 것이다. 결국 자녀의 수가 많다면 그 만큼 배우자의 상속분은 줄어들 수밖에 없는 현실이다.

자녀를 많이 낳아야 한다는 정부의 시책에 동조하듯이 자녀를 4명이나 출산한 여성의 경우를 가상해보기로 한다. 남편이 먼저 사망하여 재산상속이 개시되면, 4인의 자녀들과 공동으로 상속인이 된 아내의 몫은 1.5/5.5(결국 전체 상속재산의 3/11을 상속받게 됨) 밖에 될 수 없다. 그런데 만약에 그 여성이 자녀를 1인만 두었다면 아내의 상속분은 1.5/2.5(결국 전제 상속재산의 3/5을 상속받게 됨)가 되어, 4인의 자녀를 둔 경우보다 2배 이상 더 많은 재산을 상속받게 되는 것이다. 그동안 4인의 자녀를 키운다고 고생했는데도 불구하고, 노후에 남편이 먼저 사망하게 되어 받게 되는 상속분이 자녀의 수가 많기 때문에 줄어든다면 과연 납득할 수 있는 일일까?

아직 우리나라의 현실이 결혼 후 취득한 재산은 주로 남편의 명의로 되어 있다는 점과 여자의 평균 수명이 남자보다 더 길다는 점을 고려하다면, 노후 아내의 생존권과 직결되는 상속분의 문제를 간과할 수 없을 것이다.

이러한 폐단을 방지하기 위한 방안으로서는, 남편이 사망하기 전에 유언으로 아내에게 많은 재산을 물려주는 방법을 생각할 수 있다. 그런데 유감스럽게도 아직 우리나라에서의 유언은 그다지 보편화되어 있지도 않고, 더구나 유언은 엄격한 요식행위로서 일정한 형식을 취하지 않으면 그 효력이 인정되지 않는다는 어려움이 있다. 또 다른 방안은, 자녀들이 자신의 상속권을 포기하거나, 아니면 적어도 상속재산에 관한 분할협의를 할 때, 어머니의 몫을 더 많이 받도록 자녀들이 상속재산에 관한 권리를 포기하는 것이다. 그런데 과연 어머니를 위하여 상속을 포기하는 자녀를 기대하고서 그냥 방치

할 수 있는 일일까? 뿐만 아니라 상속재산의 분할협의도 채권자취소권의 대상이 된다는 대법원 판례에 의하면, 자녀 중 어느 누군가 빚이 많은 자가 있다면, 그 자녀가 순수한 동기에서 상속재산의 분할협의를 하면서 어머니에게 상속재산을 많이 받도록 상속재산에 관한 자신의 권리를 포기하였다고 하더라도, 그 자녀의 채권자가 법원에 채권자취소권을 행사한다면 그 분할협의의 효과는 발생하지 않을 수 있다는 점이다.

　그런데 외국의 입법례를 살펴보면, 우리나라와 같지 않다. 예컨대, 독일은 부부 중 일방이 사망하면 부부재산제에 의거하여 혼인생활 중 재산에 대한 청산을 거친 뒤 나머지 재산에 대하여 상속이 개시되므로 배우자가 직계비속과 공동상속할 경우에는 상속재산의 1/2 정도를 상속받게 된다. 프랑스 역시 부부 중 일방이 사망하면 법정부부재산제인 공동제에 따라 혼인 중 취득한 공동재산의 1/2을 생존 배우자가 취득하게 된다. 영국의 경우에는 생존 배우자가 일정 금액과 나머지 상속재산에 대한 1/2의 권리를 가지게 된다. 중국에서도 피상속인이 사망할 경우, 부부공동소유재산 가운데 1/2은 생존 배우자의 소유로 제외시켜 놓고, 나머지 1/2의 상속재산을 가지고 생존배우자를 포함한 공동상속인이 상속하도록 되어 있다.

　이렇게 볼 때, 배우자의 상속분을 직계비속이나 직계존속의 상속분에 5할을 가산하도록 한 현행 배우자 상속제도는 하루 빨리 개선되어야 할 것이다. 구체적인 개선방안으로서는, 부부재산제를 통한 청산의 기회를 부여하는 것도 고려할 수 있겠지만, 우리나라의 법정부부재산제도로서 부부별산제 역시 문제가 많은 제도인지라, 차라리 혼인 중 취득한 상속재산 중 1/2을 먼저 생존 배우자의 상속분으로 인정하여 제외시키는 것이 바람직하다고 본다.

　이제 지금부터 우리 모두 배우자의 상속제도가 합리적으로 개선될 수 있도록, 민법의 개정 작업을 위하여 다양한 방법으로 노력하도록 합시다.

혼인 중의 재산분할청구도 허용되어야 한다

[사례 1]

　결혼한 지 30년이 넘는 60대 초반의 아내가 60대 후반의 남편을 상대로 이혼을 요구하며 재산분할을 청구하였다. 남편은 자수성가하여 중소 도시에서 사업체를 운영하고 있는데 상당한 재력가이다. 농지와 임야를 비롯하여 아파트와 주택 등 상당한 부동산을 보유하고 있으며, 고급 승용차도 몇 대씩 가지고 있다. 남편은 젊을 때부터 바람을 피워 아내의 속을 썩였지만, 수년 전부터는 아예 내연녀에게 아파트를 사주고 집에도 잘 들어오지 않고 있으며, 그녀에게 고급 외제 승용차까지 사준 사실도 알게 되었다. 남편의 부정행위가 명목상의 이혼사유이다.

[사례 2]

　역시 결혼생활 30년이 넘는 60대 초반의 아내가 60대 후반의 남편을 상대로 이혼을 청구하고 재산분할을 청구한 사안이다. 젊어서 집안의 중매로 멋모르고 혼인하여 남편의 월급이 넉넉하지는 않았지만 아끼고 아껴서 살림도 꽤 늘렸고, 자식들도 잘 키워서 시집장가 다 보내는 등 나름 열심히 살아 왔고, 이제 모처럼 생활의 여유가 있다 싶어서 친구들이랑 수다도 떨고 그동안 미루어 두었던 여행도 다니면서 즐겁게 남은 노년을 살고 싶은데, 남편은 도시 살림을 청산하고 자신의 고향인 시골로 내려가 선대부터 대대로 내려온 농지도 있으니 농사나 짓고 살자는 것이다. 남편이야 고향 친구

도 있고 친지도 있으니 좋겠지만, 아내로서는 그동안 살면서 맺게
된 이웃이나 친구들과의 관계 등 모든 기반을 접는 것도 힘든 일
일 뿐만 아니라, 나아가 이 나이에 무슨 농사를 지을 것이냐고 항
의했지만, 남편은 요지부동으로 도시의 집을 팔고 정리를 하려고
하자, 아내는 고민 끝에 그럼 남편 혼자 내려가라고 이혼을 청구한
것이다.

위 1번 사례는 수년 전 대구고등법원 가사조정위원으로서 직접
조정을 맡았던 사안이다. 당시 알고 보니 아내의 본심은 이혼에 있
는 것이 아니었다. 남편의 바람기는 어제 오늘의 일은 아니지만, 이
제는 젊은 여자에게 빠져서 무분별하게 재산을 탕진하는 모습을 보
고는 이러다가는 재산이 한 푼도 남아 있지 않겠다는 불안감에 하
루라도 빨리 자신의 몫을 챙기려는 마음에 이혼을 청구하였다는 사
실을 알게 되었다. 아직 출가하지 않은 자식도 있는 마당에 이혼은
아내에게 상당히 부담스러운 것이었다. 남편 역시 사업가로서 주위
의 눈도 있는데 불륜관계로 이혼한다는 사실은 상당히 수치스러운
일이었다. 결국 남편을 설득하여 남편 명의의 재산 중 상당 부분을
아내 명의로 이전해주기로 합의하면서 이혼소송을 취하하는 것으로
조정이 성립되었다.

2번 사례는 최근 서울의 가족법 연구 모임에서 발표된 사안이
다. 문제는 아내의 이혼청구가 민법상의 재판상 이혼사유에는 해당
되지 않는다는 것이다. 대법원 판례는 얼마 전에 전원합의체 판결로
서 우리나라에서의 이혼은 유책주의에 입각하고 있으며, 아직 파탄
주의에 의한 이혼을 도입하기에는 시기상조라고 판시하였다. 즉 남

편이나 아내 중 일방이 부정행위를 하거나 아니면 학대나 유기를 하는 등 부부로서의 의무를 저버리는 잘못을 하여야 그 상대방의 청구에 의하여 이혼이 성립될 수 있는 것이지 단순히 부부관계가 파탄되었다는 객관적인 사실만으로는 이혼이 되지 않는다.

다시 1번 사례를 보자. 아내의 입장에서는 굳이 거치지 않아도 될 이혼청구라는 매우 불편한 절차를 겪고 나서야 비로소 자신의 명의로 된 재산을 분할 받을 수 있었다. 왜냐하면 현행 민법상 재산분할청구제도는 이혼을 전제로 하고 있으므로 자기 몫의 재산권을 보장받으려면 이혼을 원하지 않더라도 이혼을 청구하지 않을 수 없는 것이다. 결국 아내는 재산분할이라는 소기의 목적은 달성할 수 있었지만, 부부 쌍방의 가슴에 돌이킬 수 없는 상처를 남기게 된 것은 물론, 이혼청구는 가족 모두에게도 상당히 큰 후유증으로 남게 되었다.

2번 사례도 마찬가지이다. 노년이 되어 각자 남은 여생은 자신의 삶에 충실하고 싶다는 갈망에서 남편은 고향이나 농촌 생활을 선호하고, 아내는 그동안 살아왔던 도시를 떠나고 싶지 않을 경우에 이혼만이 유일한 해결방안일까? 그렇지는 않다. 요사이 일본에서 유행하고 있다는 「졸혼(卒婚)」이라는 방법도 고려할 수 있다.

한때 일본은 황혼이혼이 성행하였다. 그런데 황혼이혼의 대부분은 남편의 정년퇴직 이후 부부가 함께 있는 시간이 많아지면서 발생하는 스트레스를 견디지 못한 아내가 이혼을 요구한 사례이다. 그런데 이혼은 상대방에게 상처를 주기 마련이다. 아직 우리의 정서로서 이혼은 부담스러울 수 있다. 여기에 등장하게 된 것이 「졸혼」이라는 새로운 관계이다. 혼인관계는 유지한 채 동거에 얽매이지 않고 자신이 원하는 삶을 살아보자는 것이다. 민법상 부부는 동거의무가 있고, 정당한 이유 없이 이를 위반하면 이혼사유가 된다. 그렇지만「졸혼」은 부부로서의 좋은 관계를 계속 유지하기 위한 거리두기로서 상당한 의미가 있다.

그런데 이 모든 것을 뒷받침 해주는 것은 독립된 경제력이다. 특히 전업주부로서 평생을 남편과 자식의 뒷바라지만 해온 우리나라의 아내로서는 자신의 명의로 된 독립된 재산이 있을 가능성은 매우 희박하다. 우리나라의 부부재산제는 별산제를 취하여 아내와 남편 명의의 독립된 재산은 부부가 각자 관리하고 사용·수익하도록 되어 있지만, 이는 허울 좋은 명목상의 제도에 불과하고, 실질적으로는 남편 단독 소유로 되어 있는 경우가 대부분이다.

이제 우리 사회도 고령사회에 들어서고 있고, 고령화를 대비하여 여러 가지 제도적 보완책이 강구되고 있는 현실이다. 그리고 그 보완책으로서 고려되고 있는 제도의 효율성은 경제력의 확보 여부에 의하여 좌우될 수 있는 내용이 대부분이다. 특히 노후에 홀로 된 아내의 경제력 확보 방안은 중요한 과제 중의 하나이다. 그렇다면 이제 우리나라에서도 굳이 이혼을 하지 않더라도, 특히 남편 사망 후 자식들과 상속재산으로 다툼이 발생하기 전에 먼저 자신의 기여도에 따른 재산분할청구를 할 수 있도록 허용하는 방안이 강구되어야 한다.

혼인 중의 재산분할청구를 인정하고 있는 외국의 입법예가 없지는 않다. 이미 독일과 프랑스에서는 혼인 중의 재산분할제도를 도입하여 일정한 요건 하에 혼인 중이라도 재산분할청구를 할 수 있도록 인정하고 있다. 예컨대 ① 부부가 최소한 3년 이상 별거하고 있는 경우, ② 부부 중 일방이 그 책임 있는 사유로 장기간 혼인관계에서 발생하는 경제적 의무를 이행하지 않았고, 장래에도 이행하지 않을 것으로 보이는 경우, ③ 부부 중 일방이 상대방의 동의 없이 재산을 임의로 처분하거나 고의로 낭비하여 재산을 감소하는 행위를 함으로써 장래의 재산분할청구권을 현저하게 위태롭게 할 우려가 있는 경우, ④ 충분한 이유 없이 재산 상태에 대한 정보를 알려주는 것을 완강하게 거부하는 경우 등 일정한 사유가 있는 경우에는 혼인 중이라도 재산분할을 청구할 수 있는 것이다. 미국은 부부 별산제가 워낙 잘 시행되고 있기 때문에 이와 같은 제도는 고려되지 않고 있다.

명목상의 부부재산 별산제에 불과한 온전하지 못한 부부 재산제도를 가지고 있는 우리나라에서는 혼인 중 재산분할제도의 도입은 심각하게 고려되어야 한다. 사실 2005년도 국회에서 일부 국회의원에 의하여 혼인 중 재산분할제도를 도입하는 민법 개정안이 발의된 적이 있었다. 그 결과는 참담하였다. 혼인 중 재산분할을 인정하면 가정파탄을 촉진시키는 역할을 할 것이라는 비판을 비롯하여 증여세 등의 회피에 악용될 수 있다는 등 공청회에서 빗발치는 비판에 직면하여 국회 임기 만료로 그 개정안은 결국 폐기되고 말았다.

이제 그로부터 다시 10년 이상 세월이 흘렀다. 그동안 우리 사회의 변화를 감안할 때, 이 문제는 다시 거론될 시기가 도래하였다고 본다. 특히 간통죄마저 폐지된 마당에 남편의 부적절한 재산 낭비를 견제하고, 노후 자신의 삶을 준비할 수 있는 효율적인 방안으로서 혼인 중의 재산분할제도는 상당한 기능을 발휘할 것으로 기대된다.

아직 우리 사회에서의 이혼은 정서적으로 부담스러운 면이 있다. 적어도 재산분할을 보장받기 위하여 할 수 없이 이혼을 청구하게 하는 소모적이고도 우회적인 방법을 사용하도록 강요하지는 말아야 할 것이다.

구체적으로 배우자 일방이 상대방의 동의 없이 임의로 재산을 처분하거나, 부정행위나 도박 등으로 재산을 무분별하게 낭비하는 경우, 또는 직업이나 질병치료 등의 정당한 이유 없이 부부가 다년간 별거하게 될 경우에는, 혼인 중이라도 재산분할청구를 할 수 있도록 관련 규정을 개정하는 작업을 서둘러야 한다고 본다.

그래도 본업은 연구!

〈저 서〉

"사형제도의 이론과 실제"(공저), 까치, 1989.

"法學槪論"(공저), 박영사, 1992.

"여성대학강좌 Ⅰ"(공저), 영남대학교 여성대학 교학부, 1992.

"生活法律"(공저), 영남대학교 산학협동기술전문대학, 1993.

"법과사회"(공저), 영남대학교 출판부, 1995.

"가정폭력상담원교육"(공저), 경북여성정책개발원, 1999.

"주석민법 채권총칙(1)"(공저), 한국사법행정학회, 2000.

"주석민법 채권각칙(7)"(공저), 한국사법행정학회, 2000.

"여성과 법", 영남대학교 출판부, 2001.

"Quick Review 채권총론", 영남대학교 출판부, 2001.

"민법개정안의견서"(공저), 삼지원, 2002.

"한국문화사상대계 4"(공저), 영남대학교 출판부, 2003.

"民法講義(Ⅰ)"(공저), 형설출판사, 2005.

"중국 계약법전", 영남대학교 출판부, 2005.

"Quick Review 채권각론", 영남대학교 출판부, 2006.

"생활법률"(공저), 영남대학교 출판부, 2006.

"법학! 어떻게 공부할 것인가?", 진원사, 2008.

"로스쿨 강의교재 물권법"(공저), fides, 2009.

"기업회생법강의"(공저), 지원출판사, 2014.

"로스쿨 물권법"(공저), 박영사, 2011.

"로스쿨 채권총론"(공저), 박영사, 2012.

"로스쿨 불법행위법"(공저), 세창출판사, 2014.

"로스쿨 계약법"(공저), 세창출판사, 2014.

"로스쿨 민법총칙"(공저), 박영사, 2015.

"여성과 법", 법문사, 2016.

"개혁개방이후 중국의 토지법제의 변천", 박영사, 2021.

〈논문〉

"韓國相續法史에 관한 研究", 碩士學位請求論文, 慶北大學校 大學院, 1979. 11.

"韓國法制의 時代的 變遷에 관한 研究"(공저), 東洋文化研究, 제8집, 1981. 12.

"韓國法制史上 女性의 法的 地位의 變遷"(공저), 女性問題研究, 제12집, 曉星女大 女性問題研究所, 1983. 12.

"韓國法의 思想的 基盤", 研究論文集(曉星女大), 제30집, 1984. 12.

"韓國에 있어서 天主敎의 受容과 法思想의 變遷", 研究論文集(曉星女大), 제30집, 1984. 12.

"自然債務論", 研究論文集(曉星女大), 제31집, 1985. 8.

"女性의 法的 地位와 家族法 改正論", 女性問題研究, 제14집, 1985. 12.

"韓國 相續法의 成文化 過程", 博士學位請求論文, 慶北大學校 大學院, 1986. 12.

"天主敎와 韓國의 自然法論", 가톨릭敎育研究, 제1집, 曉星女大 가톨릭敎育研究所, 1986. 12.

"傳貰制度에 관한 法的 規制와 그 問題點", 새마을研究論文集, 제7집, 曉星女大 새마을研究所, 1987. 12.

"日帝下 戶主相續慣習法의 定立", 法史學研究, 제9호, 1988. 9.

"現行夫婦財産制의 問題點과 改正論"(공저), 女性問題研究, 제16집, 1988. 12.

"寶鑑과 京鄕雜誌의 法律問答을 통한 天主敎會의 法律啓蒙運動", 가톨릭敎育硏究, 제3집, 1988. 12.

"傳貰制度의 保護策과 問題點", 梧谷 鄭雲章博士 華甲紀念論文集, 1989. 5.

"日帝下 家族法制의 整備에 따른 傳統的인 家族法制의 歪曲", 韓國傳統文化硏究, 제5집, 曉星女大 傳統文化硏究所, 1989. 7.

"舊約家族法"(書評), 法史學硏究 제10호, 1989. 12.

"不法行爲에서의 因果關係", 司法行政, 제31권 제10호, 1990. 10.

"日帝時代의 財産相續慣習法", 法史學硏究, 제11호, 1990. 12.

"舊慣習上 戶主아닌 家族이 死亡한 경우의 財産相續人", 判例月報, 제245호, 1991. 1.

"日帝下 傳統家族法의 歪曲", 韓國法史學論叢: 朴秉濠敎授還甲紀念(Ⅱ), 1991. 10.

"不法行爲로 인한 損害賠償請求權의 消滅時效", 社會科學硏究, 제12집 제2권, 1992. 12.

"不法行爲法의 現代的 課題", 現代思想硏究 제4집, 曉星女大 現代思想硏究所, 1993. 2.

"不法行爲로 인한 損害賠償請求權의 消滅時效 起算點"(判例評釋), 法律新聞 제2224호, 1993. 6. 14.

"프랑스에서의 契約前의 情報提供義務", 한터 李喆源敎授華甲紀念論文集, 1993. 12.

"프랑스에서의 契約上의 情報提供義務", 嶺南法學, 제1권 제1호, 1994. 1.

"賣渡人의 情報提供義務와 買受人의 錯誤"(判例評釋), 法律新聞 제2282호, 1994. 1. 24.

"契約前의 情報提供義務와 錯誤", 現代民法의 課題와 展望, 南松 韓琫熙博士華甲紀念, 밀알, 1994. 6.

"現代契約法上의 情報提供義務와 詐欺", 現代思想硏究 제5집, 1994. 8.

"우리나라 民法典 編纂 挫折史", 社會科學研究 제14집 제1권, 1994. 8.

"제2차 契約法 리스테이트먼트(Ⅰ)", 嶺南法學, 제1권 제2호, 1994. 8.

"不法行爲로 인한 損害賠償請求權의 時效起算點", 債權法에 있어서 自由와 責任, 博英社, 1994. 10.

"우리나라 法制의 近代化와 民法典 編纂", 私法學의 再照明, 松村 朴礒雨敎授華甲紀念, 한림원, 1994. 11.

"不法行爲로 인한 損害賠償請求權의 消滅時效", 判例와 理論 創刊號, 1995. 2.

"藥禍事故로 인한 民事責任에 관한 硏究", 社會科學硏究 제15집 제2권, 1996. 2.

"프랑스 民法上의 强迫에 의한 意思表示", 現代法學의 諸問題, 金起東博士退任紀念論文集, 1996. 11.

"채권양도 금지 특약의 제3자에 대한 대항요건", 오늘의 법률 제97호, 玄岩社, 1997. 2.

"프랑스 民法上의 Lésion", 法理論과 實務 제1집, 1997. 4.

"프랑스 民法上의 不公正 行爲 －Lésion 法理를 중심으로－", 嶺南法學 제3권 제1·2호, 無心 朴相源敎授停年退任紀念特輯號, 1997. 2.

"非典型契約의 解釋論的 課題", 嶺南法學 제4권 제1·2호, 1998. 2.

"債權讓渡禁止特約의 제3자에 대한 效力", 嶺南法學 제4권 제1·2호, 1998. 2.

"初·中等學校의 法敎育프로그램 開發 方案 摸索"(공저) 嶺南法學 제4권 제1·2호, 1998. 2.

"합의금 약정의 불공정성 여부", 법률신문 제2678호, 1998. 3. 16.

"독도어장의 어업권과 입어권", 울릉도·독도의 종합적 연구, 영남대학교 민족문화연구소, 1998. 9.

"프랑스 契約法上의 Cause 理論", 社會科學硏究 제18집 제2권, 1999. 2.

"不公正한 法律行爲", 영남법학 제5권 제1·2호, 1999. 2.

"임대주택법의 문제점 및 개정 방향", 영남법학 제6권 제1·2호, 2000. 2.

"변호사책임과 제3자 −특히 부당소송, 부당집행, 명예훼손을 중심으로−"(공저), 영남법학 제6권 제1·2호, 2000. 2.

"가족법 제정의 경위와 주된 쟁점", 가족법연구 제14권, 2000. 12.

"債權者의 保證人에 대한 信義則上의 告知義務", 민사법학 제18호, 2000. 5.

"履行補助者", 영남법학 제7권 제1·2호, 2001. 2.

"프랑스 민법상의 Faute", 사회과학연구 제20집 제2권, 2001. 2.

"임대인의 임차인에 대한 안전배려의무"(판례평석), 법률신문사 2001. 9. 10.

"저당권과 이용권의 조정에 관한 연구−일본민법상 해석론을 중심으로−"(공저), 영남지역발전연구 제28집, 2001. 8.

"중국 신계약법의 입법원리와 특징", 現代民事法學의 課題, 관원 정조 근교수 화갑기념논문집, 2001. 9.

"임대인의 임차인에 대한 안전배려의무"(판례평석), 법률신문 제3009호, 2001. 9. 10.

"韓國における製造物責任法の制定"(공저), 民商法雜誌 제125권 제2호, 2001. 11.

"친족편 제1장 총칙·제6장 친족회의 개정 필요성과 개정 방향", 가족법연구 제16권 제2호, 2002. 12.

"민법(재산편) 개정에 대한 기대와 우려", Jurist 제377호, 2002. 2.

"中國契約法", 영남법학 제9권 제1호, 2002. 12.

"中國의 賣賣法", 영남법학 제9권 제2호, 2003. 8.

"한국의 매매법과 중국의 매매법", 민사법학 제24호, 2003. 9.

"중국의 계약책임제도", 비교사법 제10권 제3호, 2003. 9.

"民法 제103조 善良한 風俗의 位相에 관한 比較法的 考察"(공저), 영남법학 제10권 제1호, 2004. 6.

"사법과 민중", 영남법학 제10권 제2호, 2004. 12.

"상속회복청구권의 시효에 관한 일제시대 관습법의 정립과 왜곡", 가족법연구 제18권 제2호, 2004. 9.

"중국의 전통 법문화와 세계의 법문화", 중국과 중국학, 제3호, 2005. 5.

"중국 물권법 제정의 현황과 전망", 법무부 동북아법제연구보고서, 2005. 12.

"레저시설의 설치와 토지이용상의 사법적 문제", 토지법학 제21권, 2005. 12.

"중국의 토지 사용권", 토지법의 이론과 실무: 至嚴 李善永博士華甲紀念論文集, 법원사, 2006.

"일제강점기 상속관습법의 정립과 왜곡", 민족문화논총 제33집, 2006. 6.

"중국 물권법(초안)의 구성과 특징", 민법학의 현대적 양상 : 羅岩 徐民教授停年紀念論文集, 법문사, 2006. 5.

"중국 물권법(초안) 상의 토지사용권", 토지법학 제22권, 2006. 12.

"경관이익의 법적 보호에 관한 연구 – 일본에서의 학설과 판례를 참조하여 –"(공저), 비교사법 제13권 제4호, 2006. 12.

"채무자의 귀책사유와 민법 제391조 – 일제 강점기 민법학의 잔재 청산을 목적으로", 민족문화논총 제36권, 2007.

"중국 물권법상의 저당권 – 저당권설정계약의 성립을 중심으로 –", 토지법학 제24권 제1호, 2008. 6.

"중국 물권법상의 소유권 제한", 재산법연구 제25권 제3호, 2009. 2.

"韓國 土地改革法制의 變遷과 課題", 토지법학 제25권 제1호, 2009. 6.

"중국 불법행위법 제정의 현황과 전망", 법학논총 제22집, 숭실대학교 법학연구소, 2009. 8.

"중국 물권법상의 소유권 취득", 경희법학 제44권 제2호, 경희대학교 법학연구소, 2009. 9.

"중국계약법상의 채권자대위권"(공저), 민사법이론과 실무 제13권 제1

호, 2009. 12.

"중국 계약법상 계약의 성립에 관한 법리", 영남법학 제30권, 2010. 4.

"중국의 채무불이행 유형론", 영남법학 제31권, 2010.10.

"판례의 법창조적 기능과 그 한계 －우리나라의 민사 판례를 중심으로－", 영남법학 제32권, 2011. 6.

"중국 법제상 계약의 효력요건에 관한 법리", 법학논고 제37권, 경북대학교 법학연구원, 2011. 10.

"網絡服務提供者(ISP)對于名譽毁損的侵權責任", 判解硏究 2011年 3輯, 中國人民法院出版社, 2011. 12.

"명예훼손에 대한 인터넷서비스제공자(ISP)의 불법행위책임 －대법원 2009. 4. 16. 선고 2008다53812 전원합의체 판결－", 영남법학 제34권, 2012. 6.

"중국의 토지사용권과「小産權房」의 법적 지위", 토지법학 제28권 제1호, 2012. 6.

"중국 담보법상의 보증제도", 동북아법연구 제7권 제1호, 전북대학교 동북아법연구소, 2013. 5.

"중국 법제상 자연인의 민사행위능력", 토지법학 제29권 제2호, 2013. 12.

"중국의 상속법(繼承法) 개정 논의와 전망", 가족법연구 제28권 제2호, 2014. 7.

"중국 법제상 가정폭력에 대한 보호제도"(공저), 중국과 중국학 제21권, 2014.

"토지임차인의 지상물매수청구권 －대법원 2013. 11. 28. 선고 2013다48364, 48371 판결을 중심으로－", 토지법학 제30권 제2호, 2014. 12.

"부진정연대채무론의 판례 법리에 대한 비판적 검토", 영남법학 제40권, 2015. 6.

"중국 물권법상의 부동산 선의취득제도", 토지법학 제31권 제1호, 2015. 6.

"중국 계약법상의 채권양도", 법학논총 제32권 제4호, 한양대학교 법학연구소, 2015. 12.

"부동산매매계약에서의 자동실효특약의 유형과 그 효력", 토지법학 제32권 제1호, 2016. 6.

"중국의 「反家庭暴力法」", 가족법연구 제31권 제3호, 2017. 11.

"프랑스 가족법의 동향", 가족법연구 제32권 제2호, 2018. 7.

"중국 토지법제의 현황과 과제", 토지법학 제34권 제2호, 2018. 12.

"중국 가족법의 최근 입법 동향 －民法典 婚姻家庭编·继承編 초안을 중심으로－"(공저), 비교사법 제26권 제1호, 2019. 2.

"협의상 이혼 제도의 개선 방안", 영남법학 제48권, 2019. 7.

"일제 강점기의 제사상속관습법", 법사학연구 제60호, 2019. 10.

"프랑스 민법상의 PACS(동거계약)", 가정상담, 한국가정법률상담소, 433호, 2019. 9.

"중국 「토지관리법」의 최근 개정 동향", 토지법학 제35권 제2호, 2019. 12.

"협의이혼제도의 개선 방안", 법률신문 4832호, 2020. 10. 5.

"중국 민법전상의 인격권", 영남법학 제51권, 2020. 12.

〈국내·국제학술대회 발표 논문〉

"프랑스 民法上의 Lésion", 영남민사법학회 추계학술대회, 부산 허심청, 1996. 9. 21.

"非典型契約의 解釋論的 課題", 嶺南大法科大學 學術大會, 법정관 세미나실, 1996. 12. 6.

"賃貸住宅法의 問題點 및 改善方向", 제1회 임대아파트 관련 공청회, 아파트생활문화연구소, Y.M.C.A., 1998. 3. 27.

"효도상속제의 입법성 타당성", 개정가족법(안) 심포지엄, 대구가정법률상담소 개소 1주년 기념, 대구 수성구청 강당, 1998. 11. 27.

"債權者의 保證人에 대한 信義則上의 告知義務", 韓國民事法學會 判例發表會, 서울 스칸디나비아 클럽, 1999. 6. 26.

"현행 호주제도에 대한 비판적 고찰", 호주제폐지를 위한 시민포럼, 대우아트홀, 대구가톨릭 여성연합회·대구여성회·함께하는 주부모임, 1999. 9. 29.

"중국 계약책임제도", 사회과학연구소 아태지역연구센터 세미나, 중앙도서관 세미나실, 1999. 11. 12.

"한국의 지방자치제도의 발전 방향과 주민자치센터의 역할", 주민자치센터 운용방안 모색을 위한 공청회, 대덕문화전당 강당, 2000. 5. 17.

"호주제의 역사적 배경과 현 실태", 호주제 폐지를 위한 운동전략 워크샵, 충북여성민우회, 2000, 8, 30.

"한국 민법의 현황과 향후의 과제", 中韓法學學術研討會, 中國 南開大學 法學院, 2000, 10. 17.

"현 호주제의 문제점과 대안 모색", 호주제 폐지를 위한 강연회, 진주 YWCA, 진주 YWCA 3층 강당, 2000. 12. 1.

"가족법 제정의 경위와 주된 쟁점", 가족법 시행 40주년 기념 한국가족법학회 동계학술대회, 서울대학교 법학교육 100주년기념관, 2000. 12. 15.

"스포츠에 관한 법적 제문제", 한국체육철학회 하계학술대회, 영남대학교 국제관, 2001. 7. 14.

"친족 및 친족회법 정비를 위한 검토", 한국가족법학회 2002년도 동계학술대회, 고려대학교 종합생활관, 2002. 12. 17.

"중국 매매법과 한국의 매매법", 賣買法의 國際化와 韓·中·日 賣買法의 統一, 한국민사법학회 국제학술회의, 연세대학교 법과대학, 2003. 4. 26.

"동북아 매매법 – 이슈와 문제점", 제4회 한국법률가대회 한국법학교육과 법조실무의 국제경쟁력 – 도전과 대응 SESSION 1 : 동북아법률허브, 한양대학교 HIT(국제회의장), 2004. 10. 22.

"레저시설의 설치와 토지이용상의 사법적 문제점", 제15회 한일국제 토지법학술대회, 경주교육문화회관, 2005. 11. 5.

"한국 비전형담보물권의 발전", 中日韓物權法國際學術硏討會, 臺灣 東 吳大學 法學院, 2007. 5. 28.

"한국 민법상의 전세권", 中日韓物權法國際學術硏討會, 臺灣 東吳大學 法學院, 2008. 9. 26.

"한국 토지개혁 법제의 변천과 과제", 中韓農村土地法制國際硏討會, 中國 西南政法大學 法學院 2009. 4. 24.

"한국 재단법인법제의 현황과 과제", 中日韓民法修正新趨勢硏討會, 臺 灣 東吳大學 法學院, 2009. 10. 29.

"網絡服務提供者(ISP)對于名譽毁損的侵權責任", The Second International Forum on Civil Law And 2011 Annual Meeting for AETL, 中國 復 旦大學 法學院, 2011. 8. 16.

"조정에 임하는 조정위원의 마음가짐과 자세", 대구고등법원 조정위 원세미나, 대구고등법원 강당, 2011. 10. 7.

"한국에서의 해양환경 보호와 사고처리에 관한 법률의 현황", Taishan Academic Forum Civil and Commercial Law Doscipline, 中國 烟台 大學 法學院, 2011. 10. 22.

"韓國消費者基本法上的消費者安全制度", 消費者權益保護法的修正與完 善國際硏討會, 中國人民大學 法學院, 2012. 4. 21.

"The Status of Performance, Obligee's Right of Subrogation and Obligee's Right of Revocation", 2012 PACL SEOUL FORUM, 서울 대학교 법학전문대학원, 2012. 12. 15.

"한국에서의 민법과 형법의 상호관련성 및 그 한계", The 4th International Forum on the Civil Law, 中國 西南政法大學 法學院, 2013. 9. 27.

"한국 소비자기본법의 체계와 한국소비자원의 위상", The 11th Dialogue between Judges and Jurists & International Conference on Application of New Rules of Judicial Protection for Rights and Interests of Consumers, Zunyi, Intermediate People's Court of Zunyi(中級人民法院), 2014. 9. 18.

"Current and Future Issues of Risk Responsbility of Korea", ASIA PACIFIC CIVIL LAW ACADEMIC SYMPOSIUM, Bejing Yongxing Garden Hotel, 2015. 4. 10.

"2016年 施行 豫定인 韓國 民法 改正 內容", 中日韓民法修正新趨勢硏討會, 臺灣 輔仁大學 法學院, 2015. 6. 4.

"Legal Regurations on the Private Lending in KOREA", The 12th Dialogue between Judges and Jurists (The 6th International Forum on the Civil Law), CHINA Dongfeng Court of Jilin Province, 2015. 8. 15.

"대구법원의 현재와 미래", 대구법원의 과거 100년·미래 100년, 경북대학교 인문학술원·경북대 법학원·대구법원 시민사법위원회, 경북대학교 글로벌 플라자 16층, 2015. 11. 20.

"韓國電子商務交易法的現況與課題", The 13th Dialogue between Judges and Jurists, 中國 杭州市 XIXI호텔, 2016. 9. 24.

"企劃旅遊業者因違反安全保障義務導致的損害賠償責任", 東亞侵權法學會 2018 年年會暨《東亞侵權法示範法》理論硏討會, 中國 西安 西北大學 法學院, 2018. 9. 27.

"韓國的自動駕駛機動車事故與民事責任", 東亞侵權法學會 2019－2020 年年會暨《東亞侵權法示範法》理論硏討會, 中國 哈爾濱 伯爵大酒店, 2020. 1. 11.

"중국의 차명주택거래의 현황과 과제", 한국재산법학회 추계 국제학술대회, 메종글래드제주호텔, 2020. 10. 9.

〈기고문〉

"한국법의 사상적 기반(Ⅰ) – 원시적 법사상", 효대학보 제571호, 1982.
6. 4.

"법과 정의와 사랑", 효대학보 제601호, 1983. 6. 24.

"한국인의 법의식", 효대학보 제622호, 1984. 5. 4.

"총학생회 정·부회장선거를 마치고", 효대학보(사설) 제651호, 1985.
5. 31.

"이데올로기 비판강좌〈76〉 현대의 법사상과 마르크스주의의 법이
론", 효대학보 제654호, 1985. 9. 7.

"이데올로기 비판강좌〈77〉 현대의 법사상과 마르크스주의의 법이
론", 효대학보 제655호, 1985. 9. 13.

"이데올로기 비판강좌〈78〉 현대의 법사상과 마르크스주의의 법이
론", 효대학보 제656호, 1985. 9. 20.

"가족법의 문제점", 효대학보 제656호, 1985. 9. 20.

"이데올로기 비판강좌〈79〉 현대의 법사상과 마르크스주의의 법이
론", 효대학보 제657호, 1985. 9. 27.

"총학생회 활동에 바란다", 효대학보(사설) 제657호, 1985. 9. 27.

"이데올로기 비판강좌〈80〉–〈85〉 현대의 법사상과 마르크스주의의 법
이론", 효대학보 제658호–제663호, 1985. 10. 4.–1985. 11. 29.

"한 학기를 마무리하며", 효대학보(사설) 제670·671호, 1986. 6. 6.

"한국 여성 근로자의 법적 지위", 효대학보 제674·675호, 1986. 9. 5.

"효성인에게", 효대학보 제715·716호, 1987. 11. 20.

"새 학기를 시작하며", 효대학보(사설), 제734·735호, 1988. 8. 26.

"가족법개정의 필연성과 그 방향", 효대학보 제754호, 1989. 3. 24.

"효성여대의 당면과제", 효대학보(사설) 제763·764호, 1989. 6. 2.

"현대법에서의 인간상 정립을 위한 시론 – 민법을 중심으로", 증언,
1990 가을.

"그렇소, 우리는 사회주의자요(서평)", 영대신문 제1198호, 1990. 10. 31.

"부활하는 일본의 신군국주의와 만연하는 왜색문화", 영대문화, 1990. 겨울호.

"기초의회 선거를 바라보며", 영대신문 제1206호, 1991. 4. 3.

"한국 민주주의의 새로운 모색 - 6공 5년의 평가와 새 정부의 과제", 효대학보 제856호, 1992. 3. 8.

"학문의 새 경향-법경제학의 대두", 영대신문 제1262호, 1993. 9. 22.

"A proposal for the progress of Yeungnam University", The Yeungnam Observer, 1993. December.

"선생님의 법철학 강의를 회상하며", 桂堂 崔海泰博士文集, 1994.

"사법시험제도 개혁 시급 … 선발인원 증원해야", 영대신문 제1283호, 1994. 10. 12.

"사법시험제도 개혁", 법률신문, 1994. 12. 1.

"不法行爲責任의 消滅時效", 고시계, 제480호, 1994. 12.

"동성동본 불혼규정은 폐지되어야 한다", 대구여성 제39호, 1994. 12.

"혼인의 본질과 동성동본 금혼규정 위헌 결정의 의미", 대구여성 제54호, 1997. 8.

"약속은 지킵시다", 영대신문 제1346호, 1997. 11. 5.

"살아있는 불씨 법학전문대학원 제도", 한국대학신문 제361호, 2000. 10. 2.

"민법총칙 개정안에 대한 의견", 법무부, 2001. 12.

"ax+b=0, x=?", 고시연구, 2002. 4.

"신발정리 · 요리하기 · 약도그리기", 고시연구, 2002. 5.

"허심 · 집심 · 연심", 고시연구, 2002. 6.

"판례의 중요성과 이용방법", 고시연구, 2002. 7.

"왜 약사는 의료인이 아닌가", 약사공론 제3465호, 2002. 7. 25.

"민법정복 5원칙", 고시연구, 2002. 8.

"제18기 소비자교실(생활법률 1)", 대구 YMCA 시민중계실, 2002. 3. 8.

"사례풀이법", 고시연구, 2002. 9.

"답안지는 어떻게 작성할 것인가?", 고시연구, 2002. 10.

"법이란 인간이 만든 것인가?", 고시연구, 2002. 11.

"법적 사고란?", 고시연구, 2002. 12.

"부당이득의 성립요건", 고시연구, 2003. 8.

"현존이익의 반환의무", 고시계, 2003. 10.

"How to Live", 영대신문 2004. 3. 2.

"터널이 길수록 빛은 더욱 밝은 법이다". 영대신문 2004. 5. 3.

"사무관리, 변제에 의한 대위", 고시연구, 2004. 5.

"교원임용제도개선 정책연구보고서"(공저), 영남대학교 정책연구보고서, 2005.

"변제의 의한 대위", 고시계, 2007. 11.

"평생 민중을 화두로 연구하신 선생님", 민중의 벗 與民 李鍾河 선생, 2008.

"동시이행관계에 있는 채무의 이행거절권능 범위와 동시이행항변권", 고시계, 2010. 5.

"배우자 상속제도는 개선되어야 한다", 상담소식, 한국가정법률상담소 대구지부, 제111호, 2011.

"주머니 돈은 쌈짓돈이 아니다", 상담소식, 한국가정법률상담소대구지부, 제114호, 2012.

"프랑스의 아동학대 관련 범죄", 상담소식, 한국가정법률상담소대구지부, 제125호, 2015.

"간통죄 폐지의 후유증은 징벌적 손해배상으로 풀어야 한다", 상담소식, 한국가정법률상담소대구지부, 제127호, 2015.

"혼인 중의 재산분할청구도 허용되어야 한다", 상담소식, 한국가정법률상담소대구지부, 제130호, 2016.

"어느 영화감독의 이혼청구 사건을 보며", 상담소식, 한국가정법률상
담소대구지부, 제142호, 2019.
"아동학대 신고의무는 강화되어야 한다", 상담소식, 한국가정법률상담
소대구지부, 제146호, 2021.

〈대외활동〉

한국가족법학회 회장 역임
한국토지법학회 회장 역임
민사법의 이론과 실무학회 회장 역임
한국민사법학회 부회장
대구법원 시민사법위원회 위원(장)
대구고등법원 민사 및 가사조정위원
대구지방법원 민사조정위원 역임
대구가정법원 가사조정위원
대구지방법원 서부지원 민사조정위원
법무부 법교육출장강사(Law Educator) 역임
법제처 동북아법제자문위원 역임
e-Training 심사위원회 위원 역임
경상북도 지방세심위원회 위원(장)
경상북도 의료심사조정위원회 위원 역임
경상북도 지방세정보공개심의위원회 위원 역임
경상북도 금고지정심의위원회 위원 역임
대구광역시 행정심판위원회 위원 역임
대구광역시 건축분쟁조정위원회 위원 역임
대구아동보호전문기관 사례판정위원회 위원 역임
대구광역시 아동학대예방센터 사례판정위원회 위원 역임
대구광역시 아동보호기관 아동학대사례전문위원회 위원 역임

대구광역시 북구 인사위원회 위원 역임

대구광역시 북구 주민투표청구심의회 위원 역임

칠곡군 임대주택분쟁조정위원회 위원 역임

교장공모제 공모 교장심사위원회 심사위원 역임

中國 哈爾濱(하얼빈) 仲裁委員會 仲裁員 역임

사법시험 출제위원 역임

변호사시험 출제위원 역임

행정고시 출제위원 역임

변리사시험 출제위원 역임

입법고등고시 출제위원 역임

에필로그

이제 정년퇴임을 합니다.

1982년 1월 효성여자대학교 교수 채용 면접 심사를 할 때, 당시 총장 신부님께서 '얼라가 왔나 싶었는데, 실제 얼굴을 보니 나이는 좀 들어보이는구만'라고 하셨는데, 그 '얼라'가 이제 퇴임을 합니다.

무엇보다도 건강하게 마무리를 할 수 있다는 점에서, 큰 축복을 받은 것이지요. 아내에게 고맙고, 주위의 여러분들에게 깊이 감사를 드립니다.

요즘 가장 많이 받는 질문이 '이제 무얼 할 겁니까?'입니다. 만나는 사람마다 이구동성으로 묻는 얘기입니다. 그 다음 이어지는 얘기는 '건강 조심하라'는 경고 조의 조언이지요. 특히 이미 퇴임하신 분들은, 퇴임 후 급격하게 환경을 바꾸지 말 것과 퇴임 후 5년까지가 중요한 고비가 될 것이라고도 충고하십니다.

사실 둘러보니, 퇴임 후 얼마 되지 않아 건강이 급격하게 나빠진 분들도 주위에 있고, 심지어 급작스레 세상을 떠나신 분도 있더군요.

퇴임을 한 달 앞둔 제게, 지금 가장 시급한 과제는 두 가지입니다. 그 하나는 8월 28일 예정된 정년퇴임 기념 피아노 독주회를 열심히 준비하는 것이고, 또 하나는 연구실을 정리하는 것입니다.

R. Schumann	Kinderszenen Op. 15. 중 Träumerei
F. Chopin	Valses Op. 69. No. 2
F. Chopin	Preludes Op. 28. No. 4. No. 15.
L. Beethoven	Piano Sonata Op. 27. No. 2

열심히 연습하고 있습니다.

그 와중에 연구실을 정리해야 합니다. 평소에도 몽당 색연필까지 소중하게 모아두는 습성이라, 쌓아둔 책이며 자료들이 연구실의 사방 벽을 아래에서 위까지 꽉 메우고 있는데, 이제 이를 모두 정리해야 합니다.

아내는 연구실에 있는 것은 어느 하나도 집에 가져오지 말라는 엄중한 경고를 발한 상태입니다. 사실 죽마고우인 서울 K 대학의 J 교수는 작년에 퇴임하면서 연구실을 둘러보니 딱 하나 집에 가져갈 것이 있더라고 했습니다.

무엇인고 하니, 얼마 전에 구입했던, '실내용 슬리퍼'라고 하더군요.

사실 하루에도 생각이 열두 번도 더 바뀌곤 합니다. 이제 모든 법서와는 결별하고, 전혀 다른 삶을 살아보자는 생각도 들지만, 또 한켠, 못내 아쉬워 그래도 평소에 생각만 하고 있던 논제 몇 가지에 대해서는 계속해서 연구를 계속하고 싶다는 욕심이 없는 것도 아닙니다.

이런 고민은 벌써 몇 달 전부터 하고 있지만, 아직 확실한 결론을 내리지 못한 상태입니다. 어제는 깡그리 정리하자는 쪽으로 기울다가도, 하룻밤 자고 나면 아니야 그건 아니지, '프랑스 민법개론'은 완성해야 하지 않을까 하는 욕심으로 이어지고 있습니다. 8월 말까지는 연구실을 비워야 하니까 조만간 결정을 하게 되겠지요.

그 다음 퇴임 후의 일과입니다. 아마 당분간은 방학의 연속인 양 큰 차별화 없이 일상적인 생활에 젖어 들겠지요.

다음 학기 강의계획서를 입력할 필요가 없을 뿐더러, 아예 강의 준비 자체를 하지 않는다는 점에서 변화를 느끼기는 합니다만, 그 역시 이미 안식년을 통하여 겪어본 과정이라 아직은 실감이 나지 않습니다.

일단 강의 부담에서 벗어난다는 사실은 실로 반갑습니다. 사실 법학전문대학원 제도로 변경된 이후 해가 갈수록 강의 준비는 재미없는 일로 전락하고 있었습니다. 한 학기 강의가 끝난 뒤, 강의평가 대목에서 종래 좋은 내용의 글들이 점차 외국의 입법례나 법리적인 면보다는 변호사시험 준비용으로서의 강의 내용으로 대거 전환해줄 것을 강요(?)하는 일부 학생들의 요구, 변호사시험 위주의 판례 소개에 더욱 치중해 줄 것 등을 요구하는 글들을 자주 접하게 되면서, 법학자로서 씁쓸하고 마음도 참 무거웠지요.

이제 한결 마음은 가벼워집니다.

일단, 앞으로는 법서에서 해방되어 다른 장르의 책을 읽고 싶다는 욕심이 납니다. 특히 역사, 인문 분야의 책들을 인터넷 교보문고에서 검색해서는 장바구니에 가득 담아놓았습니다. 새로운 어학을 배우면 치매 예방에도 도움이 된다는 글을 보고서는 러시아어를 배워서 톨스토이를 원서로 읽어볼까 하는 욕심도 생깁니다. 그렇습니다. 의욕이 너무 앞서면 안 되지요.

우선은 그냥 하던 일, 특히 아내의 출퇴근을 책임지는 기사 일에 충실할 것입니다. 20년을 해온 일이니 별다를 것도 없습니다만, 아내가 퇴임(?)할 때까지는 열심히 해야 할 일입니다. 그리고 아침을 먹은 후에 아내와 홍차를 즐기는 시간이 더 길어질 수도 있겠습니다. 또 그동안 가끔 갔던 앞산 산책도 이제는 더 자주 갈 수 있을 것 같습니다. 1990년 영남대학교에 부임한 뒤 얼마 되지 않은 어느 날 은사이신 (고)김기동 당시 총장님께서 같이 가자고 하여 알게 되었는데, 지금까지 애용하고 있는 코스입니다. 등산이라고 하기보다는 약 50분이 소요되는 산책로가 맞을 것 같습니다. 가파른 길이라 조금 힘은 들지만, 인적이 드문, 조용하게 생각을 정리하기에는 아주 안성맞춤입니다. 산에 오르면서 4계절의 변화도 볼 수 있지만, 특히 제게는 연구과제와 여러 가지 참신한 아이디어가 떠오르게 하는 중요한 보고입니다. 이 책의 제목도 그 길을 산책하던 중에 탄생한 것입니다. 그냥 그렇게 특별한 계획 없이 퇴임 후에도 일상적인 생활을 즐기고자 합니다.

아! 그렇지요 피아노는 계속 해야겠지요. 쇼팽과 베토벤에 더 열중해보고 싶습니다. 그러면서 좋은 분들과 차도 자주 마시고, 더 자주 '레브 슈크레(Rêve Sucré)'에서 맛있는 디저트도 먹을 수 있다면 더욱 좋겠지요.

이상욱

1956년 7월 경북 상주에서 출생하여 상주국민학교와 상주중학교를 졸업한 후, 서울로
의 진학에 실패하여 대구고등학교를 졸업하고, 대학 역시 1차는 실패하고 후기인 영남
대학교 법학과를 졸업한 후(1978년), 경북대학교 대학원에서 법학석사(1980년), 법학박
사(1987년) 학위를 취득하였고, 1982년 3월부터 1990년 2월까지 효성여자대학교(현 대
구가톨릭대학교)에서 근무하다가, 1990년 3월부터 현재까지 영남대학교 교수로 재직하
고 있음.

논문쓰고, 강의하고, 설거지하고, 피아노치고

초판발행	2021년 8월 20일
지은이	이상욱
펴낸이	노 현
편 집	전채린
기획/마케팅	장규식
표지디자인	박현정
제 작	고철민·조영환
펴낸곳	㈜ 피와이메이트
	서울특별시 금천구 가산디지털2로 53 한라시그마밸리 210호(가산동)
	등록 2014. 2. 12. 제2018-000080호
전 화	02)733-6771
f a x	02)736-4818
e-mail	pys@pybook.co.kr
homepage	www.pybook.co.kr
ISBN	979-11-6519-191-7 03040

정 가   15,000원

박영스토리는 박영사와 함께하는 브랜드입니다.